JN285075

ビジネスの教科書

Textbook for Professionals

新社会人のための
会社の常識・仕事の新常識

ハイブリッドコンサルティング代表取締役 CEO
吉山勇樹 監修

ディレクター
松島準矢 著

●監修者の言葉

この本を手にとってくださった方たちへ

「こんなことくらい、知っておいてくれよ」
「全然、言いたいことがわからない」
　今でこそ年間200日以上、企業での講演・研修や、現場の業務改善・業務効率化の仕事に携わっていますが、私も新入社員の頃は、さまざまなミスをして上司に怒られたものです。

　仕事の進め方や仕事を進めていくうえで必要となる考え方・ルールは、会社や上司がすべて懇切丁寧に教えてくれるとは限りません。
　——だったらどうするか。
　自分自身が主体的に学んでインプットし、それを仕事上でアウトプット、つまり「行動」につなげていくしかありません。
　デキる社会人になるための第一歩は、「自ら学び、自ら動く」という主体性や「自分だったらどう行動・対応すべきか？」という当事者意識を持って仕事に取り組むことです。

　また最近は、企業側はビジネスマナーやコミュニケーション力、仕事の進め方を新入社員に求めているにも関わらず、新入社員側は簿記や資格などの専門的知識を得ようとする傾向があります。
　たしかに、専門的知識があれば業務も円滑に進めやすくなりますが、いくら知識を身につけたとしても、
「電話の応対が、きちんとできない」
「上司へのほう（報告）れん（連絡）そう（相談）ができない」
「期日までに仕事を終わらせることができない」

「仕事の進め方が乱雑でミスが多い」
　など、基本的な姿勢・所作（しょさ）がきちんとできないならば本末転倒（ほんまつてんとう）です。

　新入社員の段階は、こういったビジネスマナーやコミュニケーション力、仕事の進め方などの基礎体力をつける期間です。
　本書は、その基礎体力をつけるためのノウハウやヒントを凝縮しています。読み進めながら、「自分の仕事だとこういう場面で活用できそうだ」「先輩が言っていたことはこういうことだったのか」と、自分に重ね合わせて、社会人としての基礎体力を身につけていってください。

　最後に、自分がスキルアップできているかをチェックする簡単な方法を紹介します。それは、次の5つのステップをベースに自分を省みることです。
① 知っている
② 説明できる
③ 実践できる
④ 実践して成果を残せる
⑤ 実践していつも成果を残せる

　口先だけでなく、行動に移し、また成果を残せるかどうか。これができて、はじめて立派な社会人といえます。
　わかったつもりで終わるのではなく、みなさん一人ひとりが成果を実感できるようになることを心から祈念して。

株式会社ハイブリッドコンサルティング 代表取締役CEO
吉山勇樹

● 著者の言葉

早く一人前のビジネスパーソンになろう

　私は新入社員の頃、「新人なのに頑張ってるね」と言われることが好きではありませんでした。なぜなら、「新人なのに」というカンムリがつくということは、「新人じゃなかったら、"当たり前のこと"だけどね」という意味の裏返しでもあると思ったからです。

　どうすればその"当たり前"になれるのか。私の場合は失敗を重ね、先輩や上司によく怒られながら、体得していきました。そのときの経験から思うことは、「新入社員が現場で何を求められているのか」「どうすればもっと成長できるのか」といったノウハウがわかる本に巡り合っていればよかったということです。

　ですからこの本は、新しく仕事を始める人の指針となる「北極星」のような存在になればという思いを込めて執筆しました。一人前のビジネスパーソンになるためのヒント集として、次のことをまとめています。

● Introduction「ビジネスパーソンの心構え」
　働くうえでもっとも大切な5つの考え方。
● Chapter 1「自分が働く環境を理解する」
　利益はどのようにして生まれているのか、また組織とは何なのかなどといった、あなたが働く環境についての常識など。
● Chapter 2「デキる社会人のビジネスマナー① 社内編」
　身だしなみや敬語の使い方、電話応対での気をつけるべきポイントなど。また、どうしてマナーを守る必要があるのか、その理由について。
● Chapter 3「デキる社会人のビジネスマナー② 社外編」
　名刺交換の方法やEメール・FAXの送り方、食事における基本ルールな

ど。社外の人とのコミュニケーションで気をつけるべき点について。
● Chapter 4「デキる社会人のコミュニケーション① 同僚・上司編」
新入社員が身につける基本事項、「報告」「連絡」「相談」をはじめとした、円滑に仕事を進めるためのコミュニケーションスキルについて。
● Chapter 5「デキる社会人のコミュニケーション② 会議&プレゼン編」
より一層の成長ができるように、1対1、1対複数、1対多数など、さまざまな場面で活用できる「話し方」「進め方」のポイントについて。
● Chapter 6「デキる社会人の仕事術① 基本編」
仕事を進めるうえで重要な、仕事の全体像のとらえ方やタスク管理の方法、優先順位のつけ方などについて。
● Chapter 7「デキる社会人の仕事術② ステップアップ編」
時間やモノ探しのショートカットをはじめとして、さらに効率的に仕事を進めていくためのテクニックについて。
● Chapter 8「仕事もプライベートも充実させるためのコツ」
仕事だけではなく、プライベートもおもしろく、楽しく充実させるためのコツについて。

　これらの内容はすべて、いわば私自身が新入社員時代に知っておきたかったことばかりです。数多くの失敗をもとに、成功法則・基本ルールを整理してみました。本を読めば、すぐに全部できるようになるとは言いません。焦らず1つずつ着実に身につけていっていただければ幸いです。
　すべては、あなたの本当の成長と、この国の成長のために。

株式会社ハイブリッドコンサルティング ディレクター
松島準矢

Contents　もくじ

監修者の言葉　この本を手にとってくださった方たちへ──2
著者の言葉　早く一人前のビジネスパーソンになろう──4

Introduction
ビジネスパーソンの心構え
デキる社会人を目指す前に

| 第1条 | 24時間「なぜ?」を常に考える!──12
| 第2条 | 「やるべきこと」をして大きな花を咲かす!──14
| 第3条 | 一生、謙虚であり続ける!──16
| 第4条 | 失敗＝成長痛を恐れない!──18
| 第5条 | スペシャリストであり、ジェネラリストであれ──20

Chapter 1
自分が働く環境を理解する

1. 「ビジネスとは何か」から考える──22
2. 利益の種類を知ろう──24
3. 利益を増やすための考え方──26
4. ビジネスモデルとは何か?──28
5. 会社の部署と役割を知る──30
6. 会社の役職と役割を知る──32
7. 多種多様な働き方を知る──34
8. 売上目標と給与に対する考え方──36
9. 自分の給与明細書の構成を知る──38

| Column ① | 企業のコミュニケーションに欠かせない6つのキーワード──40 |

Chapter 2
デキる社会人のビジネスマナー①
社内編

1. 会社はあなたに何を求めているのか？──42
2. 姿勢、立ち居振る舞いの演出の仕方──44
3. 服装に気を配る──46
4. 髪型ひとつもおろそかにしない──48
5. 敬語の基本を覚えよう──50
6. ワンランク上の敬語表現──52
7. 学生コトバをなくそう──54
8. 日本語は正しく！が基本──56
9. 電話の応対時に求められること──58
10. 電話の受け方──60
11. 電話のかけ方──62

| Column ② | 電話でNGな言葉づかいとは？──64 |

Chapter 3
デキる社会人のビジネスマナー②
社外編

1. 名刺交換の心構えとコツ──66

② 文書でのコミュニケーションの心得 —— 68
③ 文書の基本的な書き方 —— 70
④ メール作成の基本 —— 72
⑤ FAXの基本 —— 74
⑥ 顧客訪問時のコツ①（訪問前）—— 76
⑦ 顧客訪問時のコツ②（訪問時）—— 78
⑧ 顧客訪問時のコツ③（訪問後）—— 80
⑨ 新人は下座に座る —— 82
⑩ 食事のマナーと新人の気遣い —— 84
⑪ 食事中の談笑の仕方 —— 86
⑫ 気をつけたいお酒のNG —— 88
⑬ バーの使い方 —— 90

Column ③　取引先でNGなビジネスマナーとは？—— 92

Chapter 4
デキる社会人のコミュニケーション①
同僚・上司編

① コミュニケーションとは何か？—— 94
② ソウ・レン・ホウのルール —— 96
③ 2・5・7のルール —— 98
④ 相談の仕方 —— 100
⑤ 連絡の仕方 —— 102
⑥ 報告の仕方 —— 104
⑦ コミュニケーション方法を正しく使い分ける —— 106
⑧ 客観的表現で納得させ、説得する —— 108
⑨ コミュニケーションは聞く側が空気をつくる —— 110

- ⑩ 気持ちよく手伝ってもらう頼み方——112
- ⑪ ネガティブワードよりポジティブワードを使う——114

Column ④ コミュニケーションタイプを知ってコミュニケーションをとる——116

Chapter 5
デキる社会人のコミュニケーション②
会議＆プレゼン編

- ① 会議に出るからには必ず発言する——118
- ② クリアな意見表示をする——120
- ③ 人を説得するときのコツ——122
- ④ 正しい"No"の伝え方——124
- ⑤ プレゼンテーションの基本①　五感活用の法則——126
- ⑥ プレゼンテーションの基本②　間の法則——128
- ⑦ プレゼンテーションの基本③　問いかけの法則——130
- ⑧ プレゼンテーションの基本④　ターゲットの法則——132
- ⑨ プレゼンテーションの基本⑤　登場人物の法則——134

Column ⑤ オープンクエスチョンとクローズドクエスチョンを使う——136

Chapter 6
デキる社会人の仕事術①
基本編

- ① 仕事はGPDCAサイクルでとらえる——138

- ② ゴールである目的を意識する —140
- ③ 仕事の範囲を明確にする —142
- ④ 仕事はフェーズに分けて考える —144
- ⑤ アウトプットよりもアウトカムを意識する —146
- ⑥ 誰に、何を依頼すべきかを整理する —148
- ⑦ MECE(ミーシー)を使う仕事と使わない仕事 —150
- ⑧ やるべきこと(タスク)を洗い出す —152
- ⑨ TO DOリスト・したことリストの活用 —154
- ⑩ タスク管理表をコミュニケーションツールとして活用する —156
- ⑪ 15分刻みで予定を管理する —158
- ⑫ 「重要度×緊急度」で優先順位を決める —160
- ⑬ 「難易度×効果」でより効率的に仕事を進める —162
- ⑭ 仕事の性格に合わせて取り組む —164
- ⑮ 標準時間を意識してスピードアップ —166
- ⑯ 想定の範囲を広げ、トラブルをなくす —168
- ⑰ 自分なりの成功方程式を持っておく —170

Column ⑥ 常に言葉の定義を考えてズレのないコミュニケーションをとる —172

Chapter 7
デキる社会人の仕事術②
ステップアップ編

- ① ムダを減らすために仕事を仕組み化する —174
- ② 年カレンダーと週カレンダーを確認する —176
- ③ 周囲に拘束されない日を意図的につくる —178
- ④ パソコンでの資料整理のポイントとコツ —180
- ⑤ 紙書類を整理するポイントとコツ —182

- 6 企画書作成のコツ(基本編) ——184
- 7 企画書作成のコツ(応用編) ——186
- 8 企画書レイアウトのコツ ——188
- 9 便利なショートカットと単語登録を活用する ——190

Column ⑦ 自分の気持ちと上手に付き合ってモチベーションを管理する ——192

Chapter 8
仕事もプライベートも充実させるためのコツ

- 1 仕事とプライベートを分けない ——194
- 2 休日も平日と同じ時間規則で活動する ——196
- 3 部屋をキレイにしておく ——198
- 4 自炊ができれば仕事もデキる ——200
- 5 一流に触れて、一流を目指す ——202
- 6 二度会いたいと思わせる人になる ——204
- 7 自分の味方をどんどん増やす ——206

働き始める前に知っておきたい会社のルール

- ルール1 働く人の労働環境を守るルール ——208
- ルール2 情報や機密は漏らさないルール ——210
- ルール3 法令を守るルール ——211

あとがき　さあ、スタートラインに立とう! ——213

Introduction
ビジネスパーソンの心構え
デキる社会人を目指す前に

第1条 24時間「なぜ？」を常に考える！

まず、あなたに質問です。
「あなたは、なぜ働くのですか？」
——お金を得たいから。
——生きがいを見つけたいから。
——まわりに認められたいから。
——社会に貢献したいから。

きっとその理由は、さまざまでしょう。状況やタイミングによっても、おそらく答えは変わると思います。ただし、「別に」「ただなんとなく」は、一番よくない答えです。

なぜなら、ビジネスにとって重要なのは、「Why?」（＝なぜ？）を常に問いかけて行動することだからです。

一緒に考えてみましょう。

> 最近、まわりのみんなが始めたから、とにかく自分も就活しないと！
>
> **A君**

> まわりは就活を始めていて焦る。でも、そもそも自分はなぜ就活をするんだろう？
>
> **B君**

この2人、どちらがデキる社会人になると思いますか？
少し大げさだと思うかもしれませんが、A君は敷かれたレールをただ歩こうとする人、B君は自らレールをつくろうとする人です。会社に入ったときは、みんなが同じスタートラインに立ちます。でも、このA君とB君の考え方の違いは、後々のキャリアに大きく影響を及ぼします。

たとえば、こんな計算はできるでしょうか？

$$5+5=[\qquad]$$

　誰にでもできますよね。答えは10です。仕事にたとえると、「10時から会議があるので、資料を5部印刷して、プロジェクターとホワイトボードを用意しておいて」と言われるようなもの。そこまで言われれば誰でもできるのです。

大事なのは、$[\qquad]=10$

という計算です。10という答えを導き出せる計算式のパターンを、どれだけ自分で考えられるかが大切になってきます。答えが10となる計算式は、[5+5] もあれば、[5×2] [20−10] とさまざま。ビジネスでは、ゴール（右辺）に対して自分で解決経路を算出し、達成に向けて自ら取り組むことが求められるのです。

そして、最終的には、$[\qquad]=[\qquad]$

という計算式ができるようになりましょう。つまり仕事のゴール（右辺）を自分で設定し、その実現に向けて何をすべきか（左辺）を設計する力を身につけていくのです。

　ビジネスは、この $[\quad]=[\quad]$ を考え続ける作業の連続です。だから、頭の中に、いつも「Why?」というキーワードをインストールして、考え続けるクセをつけてみましょう。
　――なぜ、その時間に起きるのか？
　――なぜ、給料がもらえるのか？
　――なぜ、会社にその仕組み・ルールがあるのか？
　――なぜ、そのようなマナーが存在するのか？
　あらゆるシーンにおいてその背景・理由・目的を考え続けることで、自分の応用力が養われていきます。それによって自らの力で自らのレールをつくり、人生をおもしろく歩んでいけるのです。

● Introduction／ビジネスパーソンの心構え

第2条　「やるべきこと」をして大きな花を咲かす！

　就職してすぐに自分のやりたいことができるとは限りません。むしろ最初のうちは、覚えることだらけです。会社のサービスに関する知識やビジネスマナー、仕事の進め方などはもちろん、専門的な知識とスキルも習得していかなければなりません。

　そんなとき、「この会社では、やりたいことができない……」と思う人もいるでしょう。

　でも、自分が上司の立場だと思って考えてみてください。「今度の新規開拓事業、あいつはまだ何も知らない新入社員だけど、ちょっと任せてみようかな」と、考えるでしょうか？　きっと、「一つひとつの仕事を確実に覚えさせることが先だ」と考えます。

　だからこそ、新入社員のあなたは、会社から与えられる「やるべきこと」を着実にこなしていくことが重要なのです。やるべきことがきちんと実行できるようになると、「できること」が増えていきます。「できること」が増えると、仕事や自分の視界に余裕が生まれはじめ、徐々に「やりたいこと」ができるようになります。自分の「やりたいこと」があふれた環境を生成していくためには、まず自分から「やるべきこと」を着実に遂行し、周囲の信頼を勝ちとっていきましょう。

●ステップアップのイメージ

Step 1　やるべきこと
Step 2　できること
Step 3　やりたいこと

次に、あなたに質問です。

「1年後、年収3億円稼ぐための方法を考えてください」

「そんなの現実的に不可能」って思いましたか？ では、その「現実」とは何ですか？ なぜ不可能ですか？

自分でビジネスを立ち上げたり、投資をしたり、カジノで一発逆転プランを考えたりと、選択肢は無数にあります。結果的にできないことはありますが、大事なのは「できない」ではなく「どうすればできるか」を常に考えるクセを身につけることです。

できないパターンは、ほとんどがヒト・カネ・モノ・時間・情報のいずれかのリソースが不足しているだけです。たとえば、「1年後は無理でも、○○年後には達成できそうだ」という発想で物事を考えてみます。自分の環境を自分でつくるためにも、一見「無理かも」と思えることこそ果敢(かかん)にチャレンジしてみましょう。壁は乗り越える人の前にしか現れません。

● 「できる」に変える発想方法

足りないリソースをどうすればいいかを考える
ヒトが足りない！ ▶▶▶ あと○○人いれば…
カネがない！ ▶▶▶ あと○○円あれば…
モノがない！ ▶▶▶ ○○と○○があれば…
時間がない！ ▶▶▶ あと○○日あれば…
情報がない！ ▶▶▶ ○○の専門的なデータがあれば…

できない…

できる！

● Introduction／ビジネスパーソンの心構え

第3条 一生、謙虚であり続ける！

　私が新入社員だった頃、当時の社長や上司にずっと言われ続けたことがあります。それは「どれだけ売上を伸ばしても、どれだけ自分に後輩や部下が増えても、絶対に偉そうにしたらダメだ」ということです。

　とくに、「いつもサポートをしてくれる他部署の人とのコミュニケーションはサボるな。ずっとかわいがってもらえるようにしろ」と言われてきました。

　会社は自分一人で仕事を進めるところではありません。たくさんの人と協力をしながら、1つのプロジェクトを遂行していきます。まわりの人と円滑にコミュニケーションをとることが、仕事を進めるうえでは一番大切なことです。そのためには、自分が常に謙虚でいることが欠かせません。

　当時の私は、ときに外出帰りに雑誌で話題のスイーツを購入し、女性社員に渡したり、どんな些細なことでも必ずお礼を直接伝えたりするように心がけました。そうすることで自分自身も相手に仕事を依頼しやすくなり、組織のなかでスムーズに業務を進めることができていたのです。

● 気遣い上手なA君の場合

● 気遣い下手なB君の場合

もう1つ、大事なことがあります。それは、「仕事に雑務なんて1つもない」ことです。

　たとえば、資料の印刷、郵便物の配布、会議前の準備、朝礼の準備。これらは、一見「雑務」と思われそうな仕事です。しかし、資料の印刷ひとつとっても、「どういう主旨で利用するのか」「誰がこの資料を見るのか」を考慮することで印刷形式は変わってきます。「仕事は細部に宿る」ともいわれます。些細に思えることも大事な仕事としてとらえることで、仕事の質が上がります。

　そして、些細な仕事を雑務ととらえるか、とらえないか。これはあなたの「視座(物事を見る姿勢や立場)」にも大きく影響しています。あなたが、どの視座で仕事に取り組むかによって、見える世界がまったく異なってくるのです。

　たとえば、甲子園を目指す野球部は、ノックの球拾いを雑務ではなく「甲子園に出場するための通過点」ととらえています。あなたも、目指す姿が「一流のビジネスパーソン」であれば、同じ些細な仕事でも取り組み方が変わるはずです。

●視座の違いとは？

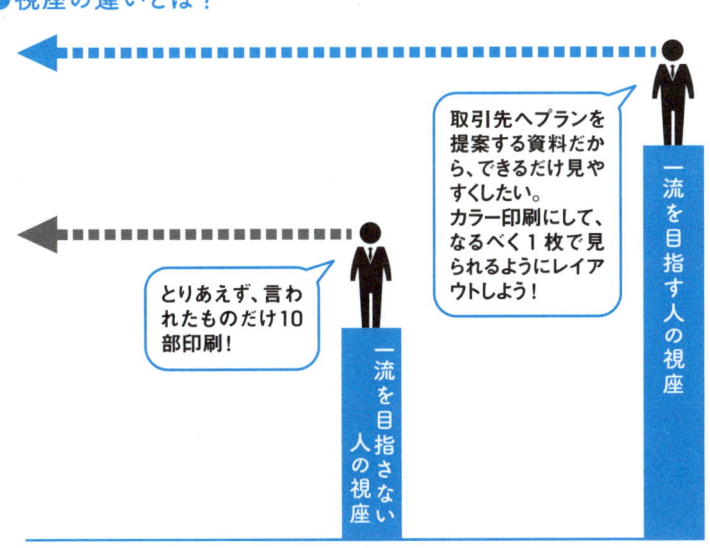

一流を目指す人の視座
　取引先へプランを提案する資料だから、できるだけ見やすくしたい。カラー印刷にして、なるべく1枚で見られるようにレイアウトしよう！

一流を目指さない人の視座
　とりあえず、言われたものだけ10部印刷！

●Introduction／ビジネスパーソンの心構え

第4条 失敗＝成長痛を恐れない！

　あなたにとって「失敗」とは何ですか？　成功の反対ですか？　ネガティブなものですか？　私はまず「何もしないこと」を失敗ととらえ、行動を起こした結果としての失敗は「自分が成長するために必要な成長痛」と定義しています。

　何もしなければ、成長も成功も勝利も進歩もありません。ですから、何もしなかったら、その時点で「失敗だ」と考えるのです。

　また、極端な話、仕事で失敗したからといって死ぬことはありません。私自身、仕事で怒られたことは何百回、何千回とあります。落ち込んだことも数えきれません。しかし、その都度、「次に同じミスをしないためには、どうすればいいんだろう」と自分なりに考え、1つずつ克服するように努めてきました。「自分が成長するために必要な成長痛」とはそういう意味で、数々の経験を通じて今の自分があると考えると、失敗はむしろ自分の成長を促進してくれた要素ととらえることもできるでしょう。

　余談ですが、ソラニンという物質を知っていますか？　ソラニンは、ジャガイモの種や芽に含まれる成分で、毒性を持っています。しかし、ジャガイモはソラニンがないと成長できません。マイナスに見えるものでも、成長するためには欠かせないということをジャガイモは教えてくれます。

●失敗は成功の反対ではない！

| 行動したうえでの失敗＝成長痛 | 何もしないこと＝本当の失敗 |

ただし、失敗は「成長痛」であるとはいえ、やっていい失敗とやってはいけない失敗があります。やってはいけない失敗とは、「同じミスを繰り返してしまう」こと。「そんなの当然」と指摘するかもしれませんが、仕事に追われているときほど陥りがちな失敗です。頭の中ではわかっていても、不思議なもので、気を抜いたり時間が経ったりすると、同じことを繰り返してしまうのです。

　私自身、あまり人には見せられませんが、できるだけ同じミスをしないように、プライベートとビジネスと両方の「ミスしたことリスト」を作成しています。

　はじめはプライドが邪魔をして、「そんなミスなんてすぐなくなるさ」と思っていました。しかし、なかなか改善できなかったり、忘れてしまったりします。

　そこで「こんなことで、やってはいけない失敗をしてしまった」というリストを作成し、自分自身の教訓として、それを防ぐためにどうすればよいかを考えるようにしています。「考える」だけではなく、「書く」ことで、自分の思考状態が整理できます。

　いずれにせよ、まずはすべてのチャレンジに全力で取り組んでみましょう。そうすれば、たとえ転んだとしても転び方のパターンがわかるようになり、きっと最終的には転ばないようになります。

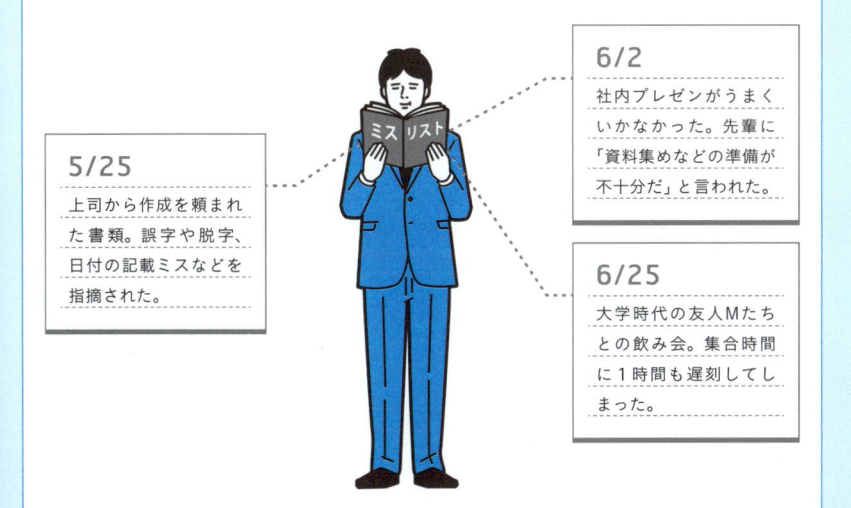

5/25
上司から作成を頼まれた書類。誤字や脱字、日付の記載ミスなどを指摘された。

6/2
社内プレゼンがうまくいかなかった。先輩に「資料集めなどの準備が不十分だ」と言われた。

6/25
大学時代の友人Mたちとの飲み会。集合時間に1時間も遅刻してしまった。

● Introduction／ビジネスパーソンの心構え

第5条 スペシャリストであり、ジェネラリストであれ

　仕事で経験を積んでいけば、さまざまな知識やスキルを身につけることができます。時間と経験を積み重ねていけば、必ずあなたはその道のスペシャリスト（＝専門家）になれます。営業であれば営業のスペシャリスト、経理であれば経理のスペシャリストです。

　ただ、新入社員の段階で、ぜひあなたに意識してほしいことがあります。それは、スペシャリストを目指すと同時にジェネラリスト（＝広範囲に渡ってさまざまな仕事・分野に精通している人）を目指してほしいということです。

　いずれあなたが人の上に立つポジションになったときに、「ずっと営業部だったから、営業のことしかわからない」では、ビジネスの全体像をとらえることができず、応用のきかない人になってしまいます。

　スペシャリストが１つの物事に詳しい「I（縦線）」型の人材であるとすれば、ジェネラリストは「ー（横線）」型の人材と考えることができます。その２つをハイブリッド（融合）して、ぜひ「T字」型の人材になってください。T字型の人材が増えれば、組織はどんどん筋肉質になり、強いものになります。

　「T字」型の人材になるためには、「情報編集力」が求められると私は考えています。今はインターネットから、検索ひとつでさまざまな情報を入手できます。しかし、情報を得るだけでなく、収集した情報をどう咀嚼し、どう解釈して自分の知識にするかという力がなければ、「T字」型の人間にはなれません。

　もっといえば、身につけた情報編集力は、自分や会社のためだけでなく、世の中にも還元していきましょう。デキる社会人、カッコイイ大人、影響力のある人間になることを目指し、目標を大きく掲げてください。

Chapter 1

自分が働く環境を
理解する

Keyword

- [ ] ビジネスとは？
- [ ] 利益
- [ ] ビジネスモデル
- [ ] 部署と役職
- [ ] 働き方
- [ ] 給与

● Chapter 1 ／自分が働く環境を理解する

1 「ビジネスとは何か」から考える

◎ビジネス＝利益・価値を創出すること

あなたに質問です。「ビジネスとはいったい何でしょうか？」

商談、手がけている事業、バリバリと働くこと、ステップアップの場所など、ビジネスという言葉からは、さまざまなイメージが浮かんでくると思います。

働くうえでしっかりと意識しておくべきなのは、**ビジネスとは利益・価値（＝ベネフィット）を創出すること**です。これが、すべての企業に共通している"ビジネス"です。利益がなければ、社員に給料を支払うことができませんし、新規事業への投資や国への納税もできません。

「お金を稼ぐことが目的じゃない企業もあるのでは？」と思う人もいるかもしれませんが、実は非営利団体（＝NPO）についても同じ。株式会社のように株主への投資還元がないだけで、社会問題の解決促進に向けて利益・価値を創出していくために存在しているのです。

◎あなた自身がどんな利益を創出できるかを考えよう

この当たり前の目的をきちんと理解していない人が、実はけっこういるようです。「利益を創出するのは営業を担当する人たちだ」という人もいますが、それは違います。会社という組織に属する以上、たとえば経理や総務など、**売上に直結しない部署であれ、「利益を創出すること」に向けて活動していく必要があります。**

あなた自身が創出できる利益、これをマイベネフィット（my benefit）といいますが、あなたはどんなマイベネフィットを会社、広くは社会に提供できていますか？　この視点は、仕事をしていくうえで非常に大事なものとなります。ビジネスパーソンとなった以上、ただ会社にいるだけではいけません。視点を変えて、マイベネフィットを考えるクセをつけていきましょう。

マイベネフィットを考えるクセをつける

空いた時間もスマホでゲーム!!

やられた〜

ダメな考え方

「このモバイルサービス、最近人気あるよなあ」

✕

ここで思考が停止してはいけない。「ビジネス＝利益・価値の創出」という視点が持てず、成長が止まる！

デキる社会人は

「どんな人がこのサービスを利用しているんだろう？」

「どんなところが、この商品の強みなんだろう」

◯

「自分の会社に応用できるところはないか」「自分だったら、どんなサービスを同じターゲットに提供できるか？」まで考えられると、どんどん成長できる！

デキる社会人のためのポイント！

① ビジネスは、利益・価値を創出すること。

② 「どうすれば利益・価値を創出できるのか？」という視点を持とう！

● Chapter 1／自分が働く環境を理解する

2 利益の種類を知ろう

◎会社のお金にまつわる言葉と考え方

　会社の経営は、商品やサービスを提供し、その代金を受け取ることで成り立っています。この代金を売上といいます。では、会社、ひいてはあなたはこの「売上」を追いかけて、仕事に励めばよいのでしょうか？

　会社のお金の考え方で知っておきたいのは、**利益＝売上ーコスト**という方程式です。コストとは、売上原価と販売管理費のことを指します。売上原価とは、商品の仕入や製品の製造にかかる費用のことです。

　また、販売管理費は商品・サービスを販売する際の費用、営業のための広告費・人件費、さらには社内システムなど企業活動を維持するための費用などが当てはまります。つまり、いくら売上がよくても、コストを差し引いたら利益が低かったり、赤字になったりする状態では、会社の経営はうまくいきません。

◎利益の種類と意味を把握しておこう

　したがって、あなたが**会社のお金で一番重視すべきは、利益**です。利益にはさまざまな種類がありますが、最低限、①**売上総利益（粗利益）**、②**営業利益**、③**経常利益**の３つを押さえておきましょう。

　①売上総利益（粗利益）：売上（売上高）から売上原価を差し引いた利益。粗利率という、売上高に対する割合（％）で表すこともある。

　②営業利益：①の利益から販売管理費を差し引いた利益。

　③経常利益：②に、営業外収益（預貯金などの受取利息や株式の配当金などである受取配当金などの収益）を加え、営業外費用（金融機関からの借入金の支払利息など）を差し引いた利益。

　新人のうちから利益を意識した仕事の仕方や発言ができると、会社経営に貢献できて、周囲の評価も確実に高まることでしょう。

売上と利益の関係を理解しよう

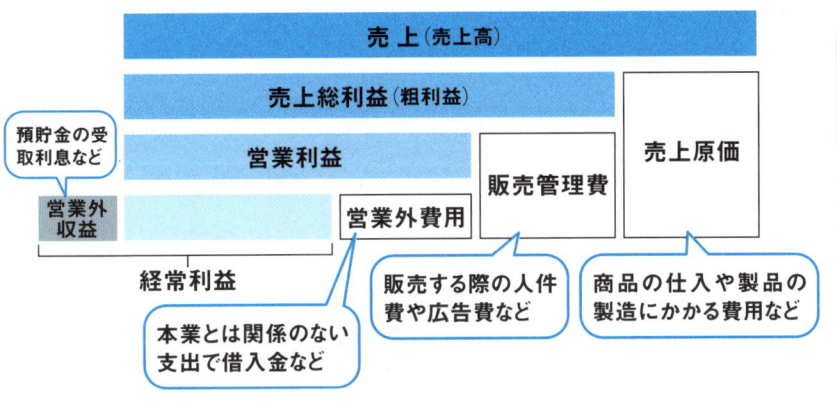

売上（売上高）

売上総利益（粗利益）

営業利益 — 販売管理費 — 売上原価

営業外収益（預貯金の受取利息など）

営業外費用

経常利益

- 本業とは関係のない支出で借入金など
- 販売する際の人件費や広告費など
- 商品の仕入や製品の製造にかかる費用など

例 1食1000円のパスタを販売する場合
※売上原価は300円とする

売上総利益＝1000円（売上）－300円（売上原価）＝**700円**

⬇

売上総利益は700円なので、売上に対する粗利率は70％となる

⬇

どれくらいの儲けが出ているのか、おおまかにわかる！

デキる社会人のためのポイント！

① 利益＝売上－コストの方程式を知り、利益を重視しよう！

② 売上だけではなく、コストにも目を向けておこう！

● Chapter 1／自分が働く環境を理解する

3 利益を増やすための考え方

◎利益を増やすためには

ビジネスにおいて大切なのは、利益を増やすことです。利益が増えれば、会社の経営は安定しますし、新たな事業や設備へお金をまわして、さらに成長していくこともできます。また、給与のアップやボーナス（賞与）の支給というかたちで、あなたに還ってくることもあるでしょう。

では、利益を増やすためには、どうしたらよいでしょうか？ 利益＝売上ーコスト（p.24）なので、**売上を伸ばし、コストを下げる**ことで、利益は増えることになります。

◎利益を出すためのさまざまなアプローチとは

ハンバーガーショップを例に、利益を増やす方法を考えてみましょう。

売上を伸ばすためには、客単価（客1人あたりの売上）や販売数（販売した商品の数）を増やす手があります。たとえば、セットメニューを販売すれば、単品商品を売るよりも客単価は上がります。また、割引クーポンを配布したり（来客数を増やす）、客席数を増やしたり（1日にさばける客数を増やす）すれば、販売数がアップするでしょう。

コストを下げるためには、販売管理費（売るためにかかるコスト）や売上原価（商品をつくるためにかかるコスト）を下げる手があります。販売管理費は人件費を減らしたり、店舗の賃貸料を抑えたりすることで下げられます。売上原価は、食材や包装紙などをより安く仕入れることなどで下げることができます。

いろいろな方向から手立てを考えるべきですが、お店の売りや特徴を壊さないようにすることも大切です。たとえば、素材や味のよさが売りのお店が安い食材を求めては、品質の低下につながるかもしれません。

これらの考え方をあなたの仕事に置き換えてみて、どうすれば利益を最大限増やすことができるかを考えてみましょう。

アプローチ方法について、4つの方向性を知る

例 ハンバーガーショップの場合

売上を伸ばす方法

①客単価を増やす
- 注文を受ける際に、おすすめ商品を紹介して、追加オーダーを促進する など

②販売数を増やす
- 割引クーポンを配布して来客数を増やす
- オマケのおもちゃをつけて、親子連れの客を増やす
- スタッフの接客スキルを上げたり、客席数を増やしたりして、回転率（1日にさばける客数）を上げる など

コストを下げる方法

③販売管理費を下げる
- 正社員を減らし、アルバイトを増やして人件費を下げる
- 賃貸料の値下げ交渉をして店舗管理費を下げる など

④売上原価を下げる
- なるべく安い卸業者から、食材・包装紙などを仕入れる など

●お店の売り・特徴によってアプローチ方法は変わる

売り
例：値段が安く、提供時間も早い
値段は高めだが、素材・味がよい など

特徴
例：サークル帰りの学生など、複数人で来店する客が多い
単身者など、1人で来店する客が多い など

> 複数人での来店が多いなら、テーブル席を増やすべき？
> 1人での来店が多いなら、カウンター席中心でいいな

アプローチ方法を考えると…

デキる社会人のためのポイント！

① 売上を伸ばすこと、コストを下げることで利益を増やそう！

② 自社の売り・特徴を壊さないように注意しよう！

Chapter 1 ビジネスとは

● Chapter 1 ／自分が働く環境を理解する

4 ビジネスモデルとは何か？

◎会社はどのように儲けを出しているか

　たとえば鉄道会社が儲けを出すには、どのような方法があると思いますか？　すぐに思いつくのは、電車の運賃や車内の広告収入でしょう。しかし、他にもいろいろな収入源があります。たとえば駅周辺で住宅を分譲販売したり、駅ビルを運営してテナント料を得たり、さらには旅行代理業として、自社の交通網を使ったツアーの企画・運営などもしています。

　つまり、鉄道会社は自社の沿線を利用させることを目的に、さまざまな仕組みをつくって、それをビジネスにしています。沿線の利用者が増えれば、乗車料金による売上も増えますし、広告の価値も高まります。このように**企業が利益を生み出す仕組みのことを、ビジネスモデルといいます。**

◎多様なビジネスモデルがある

　会社には、さまざまな利益の出し方があります。小売店のように、商品を仕入れて消費者に売るという仕組みはとてもシンプルですが、ビジネスモデルの1つです。また、民放テレビやアルバイト情報誌などのフリーペーパーのように、視聴者・読者（ユーザー）にはサービスを無料で提供し、広告収入によって儲けを得るビジネスモデルもあります。

　鉄道会社のように、"鉄道"という核になる武器をもっていれば、**アイデア次第で多彩な仕掛けを生み出すことができる**でしょう。そこで、少なくとも自社のビジネスモデルは、絶対に理解しておきましょう。さらに他社も含めて、**あらゆる商品やサービスのビジネスモデルを考えるクセを持つ**ようにしましょう。

　「どうやって利益を生み出しているのか」を考え続けることで、自社や他社の特徴や強み・弱みが見えてきますし、いつか自社の武器を使った新しいビジネスモデルを思いつくかもしれません。

> 代表的なビジネスモデルを知る

●小売店・飲食店などの利益を生み出す仕組み

商品・サービスの販売
商品・サービスの購入

消費者　　小売店・飲食店など

●民放テレビ・フリーペーパーなどの利益を生み出す仕組み

民放テレビ局・フリーペーパーの出版元など

情報を無料で提供　　広告を出す

商品・サービスの購入

視聴者・読者　　広告主の企業

Chapter 1　ビジネスとは

デキる社会人のためのポイント！

① 会社によって、さまざまな利益の出し方がある。

② あらゆる商品・サービスのビジネスモデルを考えるクセをつけよう！

● Chapter 1／自分が働く環境を理解する

5 会社の部署と役割を知る

◎会社は部署を設けて役割分担している

　会社を運営していくためには、社員それぞれに役割が必要です。商品・サービスをつくる人・売る人、会社のお金を管理する人、会社の備品を調達・管理する人、社員の頑張りを評価する人などです。

　会社は、これらの役割を**部署を設けることで分担**し、円滑な組織運営ができるようにしています。規模や業態などによって、部署の設け方に違いはありますが、会社を運営するうえで必要な役割は基本的に同じです。まずは、基本的な部署と役割を把握しておきましょう。

◎ラインとスタッフに分けて考える

　会社の部署は、ラインとスタッフという考え方で分けることができます。

　ラインとは営業部門のことで、利益を生み出す役割を担います。たとえば、顧客との折衝を担当する営業部、製品をつくる製造部などが当てはまります。

　スタッフは管理部門のことで、いかに会社全体のコストを抑えるかという役割を担います。事務全般を行う総務部、会社の財布を管理する経理部、商品・サービスを企画する企画部、社員の採用や教育、評価、福利厚生を担当する人事部などが当てはまります。

　このように、さまざまな部署の活動が会社組織を支えています。自分の会社の組織図を確認し、どのような部署で支えられているのかを知っておきましょう。

　さらに、将来のために、各部署に知り合いをつくっていく（社内人脈を広げていく）とよいでしょう。自分が責任ある仕事を任されたときに、部署を越えた人脈は大きな力になってくれるでしょうし、部署ごとでの価値観や視点の違いがわかったり、仕事に関するアドバイスをもらえたりするかもしれません。

社内人脈を広げるメリット

例 インターネット広告の営業部署に配属された場合

自分の仕事に活かすためにも、社内人脈を築き、部署ごとの視点を知っておこう。

営業部署
（取引先と折衝し、広告枠を販売）

> サイトのユーザー数の多さが売り込みのポイントかな。商談のときの注意点はね……

企画部署
（広告枠やキャンペーンなどの企画立案）

> 広告枠をセット販売したいんだけど、どうすれば顧客にとってお得感が出るか考えてみて

経理部署
（売上やコストなどの財務を管理）

> システム開発用の機器にお金がかかっているわね。その分、売上につなげられるように頑張って

システム開発部署
（Webサイトの管理・運営）

> ユーザーから、もっと見やすくしてほしいという要望が多いんだ。キミは使っていてどう思う？

デキる社会人のためのポイント！

① 組織図をもとに、会社の全体像を把握しておこう！

② 社内人脈をつくり、各部署の役割・視点を吸収していこう！

Chapter 1 組織

● Chapter 1／自分が働く環境を理解する

6 会社の役職と役割を知る

◎役職の序列と責任範囲を把握する

会社は社長（もしくは会長）をトップとし、部署ごと・チームごとにリーダー、つまり**役職を置くことで、組織運営の円滑化**をはかっています。

一般的な大手民間企業の場合、会長、社長、専務、常務、本部長・事業部長、部長、次長、課長、係長、主任、一般社員という順番で、役職が構成されているケースが多いようです。ただし、役職名とその役割は会社によってさまざまです。

そこで、自分の会社における**役職の序列と、おおよそどこまでの権限を持っているかを把握**しておきましょう。役職の序列を知っておかないと、報告・相談や決済をとる順番など、仕事の進め方を間違えてしまう可能性があります。係長を飛び越えて、先に課長に相談したために、係長との関係がギクシャクしてしまったなどは、よくある新入社員の失敗談です。

◎新人のうちから視座の重要性を認識する

また、いつか自分が何かの役職につくときのために、視座（物事を見る姿勢や立場）の重要性を認識しておきましょう。視座とは、**自分がどういったレベル・方向性を目指して、仕事に取り組むか**ということです。

たとえば、もしあなたが営業部門のリーダーになったとしたら、どのような目標を掲げますか？　社内ノルマの達成か、業界トップの営業成績か、他業種も含めた国内1位を目指すのかなどで、仕事への取り組み方がまったく違うはずです。

どのような視座を持つかによって、あなたの仕事のクオリティは大きく変わります。ぜひ新人のうちから、将来を見据えて「こういう仕事を果たせるようになりたい」「自分の部署・チームをこうしていきたい」という視座を持って、仕事に臨んでいきましょう。

新人のうちに知っておきたい役職の基本

●役職の序列

役職	説明
会長	元社長であることが多い。また、アドバイザー的な立ち位置で関わることが多い
社長	会社の代表者
専務	社長の補佐役。会社のナンバー2
常務	社長の補佐役。会社のナンバー3
事業部長(本部長)	事業部(本部)ごとの最高責任者
部長	事業部(本部)内に置かれる各部の責任者
次長	部長の補佐役
課長	部内に置かれる課の責任者
係長	課内に置かれる係の責任者
主任	肩書のない社員が最初に与えられることが多い

> 営業本部のなかに法人営業部、個人営業部などがある会社は、本部長が各部の部長を統率しているのか！

※役職の設け方・序列は会社によって異なる。

立場が上にいくほど、経営面(売上やコストなどの数字)や管理面(チームや業務など)の責任の割合が増える

●責任範囲のイメージ

縦軸：会長・社長 ↕ 一般社員

上部：経営
下部：執行

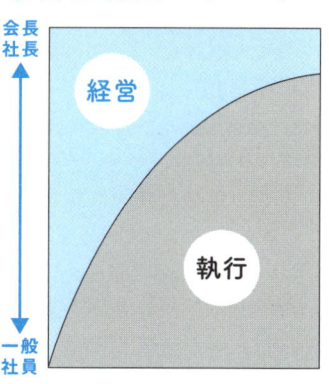

デキる社会人のためのポイント！

① 自分の会社の序列とおおまかな権限を把握しておこう！

② 新入社員のうちから視座を持って仕事に取り組もう！

● Chapter 1／自分が働く環境を理解する

7 多種多様な働き方を知る

◎雇用形態の違い

会社はさまざまな雇用形態で働く人の集合体です。

アパレルショップの例で考えてみましょう。店舗スタッフで働く人は店長のみが正社員で、その他はアルバイトやパートとして雇用されているケースが多いでしょう。また、各店舗を管理する本社では、正社員のサポート役として、契約社員（雇用期間が限られ、勤務先と雇用契約を交わす。給与は正社員と異なる場合が多い）や派遣社員（雇用期間が限られ、派遣先と雇用契約を交わす。派遣元の給与規定に基づいて給与が支払われる）が活躍している場合があります。新卒者の多くは、正社員（勤務先との雇用契約に基づいてフルタイムで働く。雇用契約における雇用終了時期は定められていない）として採用されるでしょうが、**雇用形態は１種類とは限らない**のです。

◎雇用形態・仕事仲間はどんどん多様化する

なぜ、多様な雇用形態が存在するのかは、組織によって目的・理由が異なります。よくある例として、正社員は中長期的な視点でとらえ、いずれ組織のリーダーになってもらい、経営に参画してもらう目的で雇用しています。アルバイトやパート、契約社員、派遣社員は、コスト（人件費など）の抑制や一時的に人手が必要な際に、雇用されるケースがあります。

また、働く側もいろいろな目的を持って、雇用形態を選んでいます。「一時的にお金を稼ぎたい」「家計の補助をしたい」という人もいれば、「生涯安定して働きたい」「スキルを身につけ、資金を稼いで独立したい」と思っている人もいるわけです。このようにそれぞれのライフスタイルに合わせて、**雇用形態も多様化している**のです。雇用形態の違いに、優劣はありません。同じ職場で働く以上、**同じ目的（＝ビジネスでの利益・価値創出）に向けた仲間**として、協力し合う姿勢が大切です。

アパレルショップにみる多様な雇用形態

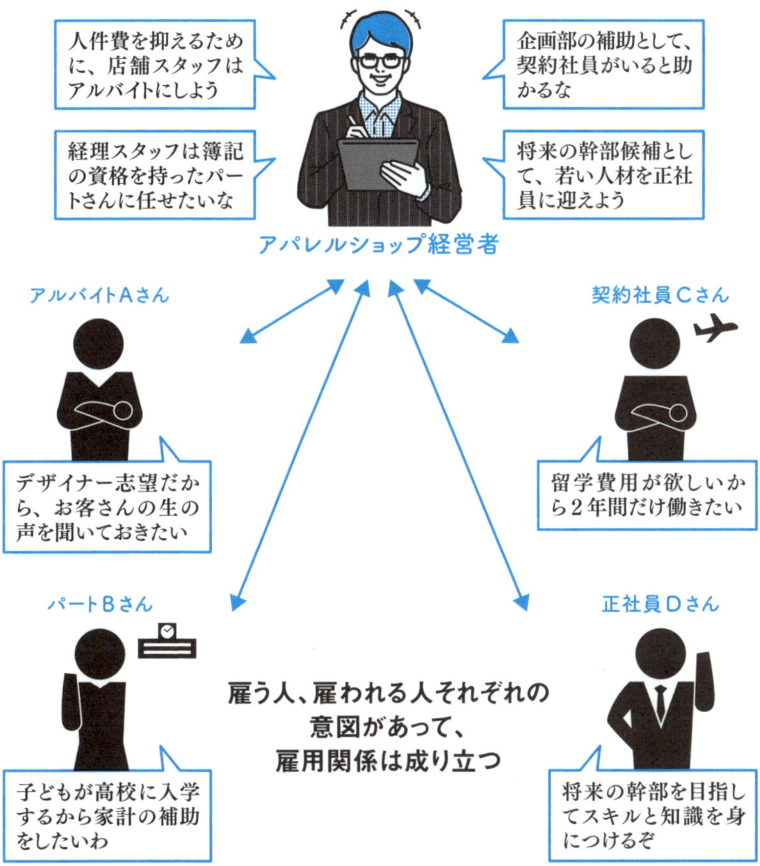

アパレルショップ経営者
- 人件費を抑えるために、店舗スタッフはアルバイトにしよう
- 企画部の補助として、契約社員がいると助かるな
- 経理スタッフは簿記の資格を持ったパートさんに任せたいな
- 将来の幹部候補として、若い人材を正社員に迎えよう

アルバイトAさん
デザイナー志望だから、お客さんの生の声を聞いておきたい

契約社員Cさん
留学費用が欲しいから2年間だけ働きたい

パートBさん
子どもが高校に入学するから家計の補助をしたいわ

正社員Dさん
将来の幹部を目指してスキルと知識を身につけるぞ

雇う人、雇われる人それぞれの意図があって、雇用関係は成り立つ

Chapter 1 組織

デキる社会人のためのポイント！

① 雇用形態の違いによる優劣はない。

② 同じ目的を共有する仲間として協力し合おう！

● Chapter 1／自分が働く環境を理解する

8 売上目標と給与に対する考え方

◎会社の売上目標は達成すべきもの

　会社は毎年、売上目標を掲げて業務に臨んでいます。営業部などであれば、ノルマというかたちで社員一人ひとりに課せられることもあるでしょう。

　入社1年目、私は営業職を担当していましたが、個人の売上目標を3ヵ月連続で達成できない時期がありました。そのとき総務部の女性に、「**自分の給料の3倍は稼げる**ようになってね。それくらい頑張ってはじめて会社の経営は成り立つモノだから」という言葉をもらいました。

　「自分の給料の3倍稼ぐ」はよく聞く言葉で、知っている人もいるかもしれません。では、この3倍という数字は何を根拠に出てくる数字なのでしょうか？

◎費用対効果を考えて仕事に取り組もう

　会社が社員1人を抱えるために必要なコストが、おおよそどれくらいか知っていますか？　仮に、あなたの年収を300万円としましょう。販売管理費（光熱費、賃貸料など）や税金、保険料などの支払いを入れて、会社はあなた1人に年間600万円ほどのコストがかかると計算します。

　つまり、あなたは年間600万円（給与の2倍）以上の成果を出さないと、会社にとって最低限の利益を確保できないのです。さらに3倍稼げば、会社経営の安定や成長に貢献できることになります。

　大事な考え方として、**会社はあなたが働いた時間に対して、給与を支払っているわけではない**ことを押さえてください。働いてどのような成果を出したか？　売上に貢献しているか？　スムーズな業務の進行に貢献しているか？　などを求めて、給与を支払っているのです。自分にかかっているコスト（費用）に対して、きちんと成果（効果）を出していくという、費用対効果（ひようたいこうか）の意識を持って仕事に取り組んでいきましょう。

自分にかかるコスト分の成果を出す

月収40万円の営業職A君 ✕

ヤッホー

今月の売上は60万円！自分の給料分は稼げたぞ！

↓

光熱費、福利厚生費、保険料などを踏まえると、A君は120万円分の成果を出さなくてはいけない！

月収25万円の営業職B君 ◯

今月の売上は60万円！ 3倍には足りないけど、会社の利益は確保できたかな

↓

B君が出すべきは、売上75万円分の成果！足りないが、そのことに気づいていることが大切！

会社の視点　会社は採用する時点から、あなたが年収3倍分の成果を出してくれるかを見ている。自分にかかるコスト分の成果を出せるようにしよう！

デキる社会人のためのポイント！

① 給料の3倍稼がなければ、会社経営に貢献できない。

② 何時間働くかではなく、働いてどんな成果を出すかを意識しよう！

● Chapter 1 ／自分が働く環境を理解する

9 自分の給与明細書の構成を知る

◎額面と手取りのギャップ

社会人としてはじめて給与をもらったときのこと。銀行に振り込まれた給与の金額を見て「あれ？　なんでこんなに少ないのだろう」と思わず驚いたことを覚えています。当時、私は**額面の給与**と**手取りの給与**の違いを理解していなかったのです。

◎給与明細書の構成を知ろう

右図の給与明細書を見てください。会社によっても違いますが、基本的に給与は基本給と諸手当から成り立っています。**額面の給与とは、この基本給と諸手当を合わせた総額のこと**を指します。

手当には、残業をしたときに支払われる残業手当、家賃を会社が一部負担してくれる住宅手当、資格をとったときにもらえる資格手当などさまざまなものがあります。手当はそれぞれの会社によって、独自にルールを定めているものなので、たとえば住宅手当がつかない場合もあります。

それでは手取り給与とは何でしょうか？　たとえば額面の給与が20万円だとすると、実際に振り込まれるのは17万円程度です。**手取りとは、実際に受け取るこの17万円のこと**を指しています。

では、残りの3万円はどこにいくかというと、税金や保険料として、国や関係機関に納められているのです。これは**天引き**といって、**給与額に一定率を掛け、自動的に計算された金額が差し引かれています。** 会社があなたに代わって、税金や保険料を支払ってくれているのです。保険として支払われるのは雇用保険料、健康保険料、厚生年金保険料で、税金として支払われるのは所得税、住民税などです。

右図と自分の給与明細書を比べ、毎月、何にいくら差し引かれているのかをよく確認しておきましょう。

給与明細書を見て額面と手取りを把握しよう

例 23歳・独身・入社1年目の場合

支給

基本給	役職手当	住宅手当	家族手当	残業手当	通勤手当
¥200,000		¥20,000		¥20,000	¥10,000

課税合計	¥240,000
非課税合計	¥10,000
総支給額合計	¥250,000

← **これが額面の給料**

控除

健康保険料	厚生年金	雇用保険	課税対象額
¥11,388	¥19,694	¥1,500	¥207,418
所得税	住民税		
¥4,950	¥0		

控除額合計	¥37,532

← **この金額が、額面から差し引かれる**

勤怠

要勤務日数	出勤日数	欠勤日数	残業時間
20	20	0	20
有休消化日数	有給残日数		
0	0		

差引支給額	¥212,468

← **これが手取りの給与。実際に振り込まれるのは、この金額**

> 給与を受け取ると同時に、会社に社会保険料の支払いと税金の納付をやってもらっているのね

デキる社会人のためのポイント！

① 額面と手取りの違いを知っておこう！

② 保険料や税金が天引きされていることを意識しておくことが大切だ。

● Column①

企業のコミュニケーションに欠かせない6つのキーワード

　企業と利害関係がある人・組織を一般に、**ステークホルダー**と呼びます。ビジネス活動を展開するにあたって、企業はこのステークホルダーとのコミュニケーションをいかに円滑にはかるべきかを考慮する必要があります。

　企業とステークホルダーとの関係にまつわるキーワードとして、下の6つをあげることができます。ニュースやビジネス会話でよく出てくる言葉なので、ぜひ押さえておきましょう。

IR (Investor Relations)：投資家向け広報活動
　例→上場企業の株主総会、株価情報の開示など

CRM (Customer Relationship Management)：顧客関係管理
　例→顧客データベースをもとにしたメールマガジンの発信、顧客からの
　　　問い合わせサポートなど

SCM (Supply Chain Management)：供給連鎖管理
　例→販売ロスをなくすための仕入先・仕入量の管理・調整など

CI (Corporate Identity)
PR (Public Relations) ：**社会向け広報活動**
　例→商品ブランドに合わせたロゴ作成など

ERM (Employee Relationship Management)：従業員関係管理
　例→社員総会、社内報による情報共有の実施など

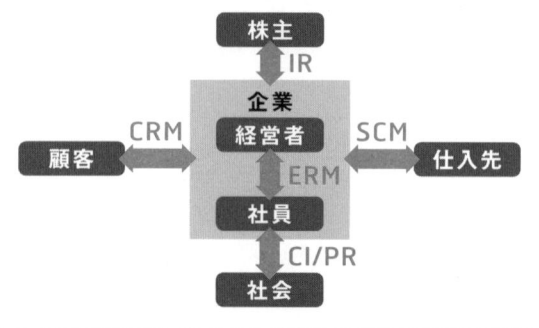

Chapter 2

デキる社会人のビジネスマナー①
社内編

Keyword

- ☐ 新人に求められること
- ☐ 姿勢、立ち居振る舞い
- ☐ 服装、髪型
- ☐ 敬語、ビジネス会話
- ☐ 電話の受け方・かけ方

● Chapter 2／デキる社会人のビジネスマナー①社内編

1 会社はあなたに何を求めているのか?

◎入社したての段階で特別なスキルはいらない

社会人になりたての頃、私は「自分が会社の即戦力となれる」と思っていました。ところが実際は、商品知識もなく営業の仕方さえわからない、あげく、先輩や上司からは些細なことで注意され、「いったい、自分はこの会社で何ができるのだろう」と自信を失いかけました。

きっとあなたも、最初のうちは自分一人で解決できないことばかりが目の前に立ちはだかってくることでしょう。

では、会社は新入社員に何を期待しているのでしょうか? 私が思うに、**新人に求められていることは、明るさと元気**です。「大きな声であいさつをする」「元気に返事をする」「怒られてもへこまない」など、職場の上司や先輩は新人に対して特別なスキルを求めてはいません。それよりもあなたがもたらすだろう「職場に吹く新しい風」を期待しています。その新しい風によって、先輩も「負けていられないぞ!」と元気を与えられるのです。

◎誰よりも早く出社することを第1目標に

それでも、自信をなくしてしまうことはあります。そんなときはどうすればいいのか? おすすめは、**誰よりも早く出社すること**です。

とにかく人より早く出社して、メールを処理する、書類を整理するなど、自分の身近でできることから始めます。そんなあなたを、必ずまわりの先輩は見ていてくれます。「早く来て頑張っているな」という小さな感想が、毎日続けることで「あいつは一生懸命やっているし、次の仕事は任せてみるか」という思いにつながるのです。

1日も早く素敵な仕事に出会えるようにするためにも、"明るく""元気に"をモットーに、他の人よりも少しだけ早く1日をスタートさせてみましょう。

明るさと元気をアピールできるポイント

●自分の席に着くときは両隣へ会釈する

- おはよう
- おはようございます！
- おう

●エレベーター、廊下で会った人には大きな声であいさつする

- おはよう
- おはようございます！

相手にあいさつされてから、あいさつを返すのはよくない。
新人のうちは、なんでも自分から率先して積極性をアピールしよう

✨ Level up!

"語先後礼"ができると、まわりと差がつけられる。これは「ありがとうございます！」と言いながら頭を下げるのではなく、きちんと「ありがとうございます」と言った後に頭を下げるような仕草のこと。ぜひ、意識してみよう。

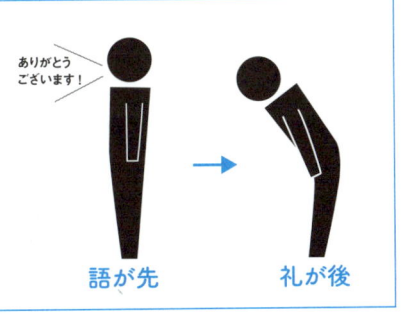

ありがとうございます！

語が先 → 礼が後

デキる社会人のためのポイント！

① 新入社員に必要なのは、特別なスキルではなく「明るさ」と「元気」。

② 誰よりも早く出社して、少しずつまわりに認めてもらおう！

● Chapter 2／デキる社会人のビジネスマナー①社内編

2 姿勢、立ち居振る舞いの演出の仕方

◎立ち方を変えるだけで「デキる人」に見せる

　背中を曲げてダラッと立っている人を見て、「デキる人だな」と思う人は、まずいません。**デキる社会人になるため・見せるためにも立ち方は大切**です。
　私は仕事のとき、天井から糸で頭頂部を引っ張られるようなイメージを持ちながら、立ったり移動したりしています。背中をピンと張り、少し胸を出すようなかたちで立つことで、気持ちも引き締まります。この姿勢は声もよく出せるので、自然とハキハキとした話し方になります。
　美しい立ち姿でイメージしやすいのは、俳優やモデルはもちろんですが、ホテルマンなどもチェックしてみてください。彼らは自分が他人にどう見られているかを意識しているプロですから、立ち方も一流です。

◎立ち居振る舞いで好感度をアップさせる

　立ち居振る舞いでも、ちょっとした心がけで「デキる人」をアピールできます。コツとしては、まず**大きく動く**こと。とくに大柄でない人にはおすすめで、身振りを交えながら話をするとき、手を大きく広げるなどを意識します。すると話していることに迫力が出ます。
　また、**リアクションを大きくする**のも大事です。上司やお客様の話を聞いている際に、普段の1.5倍でリアクションすることを意識してみましょう。もちろん過剰な反応はよくありませんが、「そうなのですか」と応えるときに首だけでなく体全体でうなずいてみると、相手も「聞いてくれている」という気持ちになり、いい印象を与えられます。
　その他、相手に名刺や資料を渡すときや取引先を出迎えるときなどは**手足の指先まで気を配って**みましょう。ビシッとしたイメージを演出でき、信頼のおける人間だと相手に印象づけられます。

> デキる人の立ち居振る舞いとは

●大きく手を動かし、ジェスチャーを交えながら話すと堂々と自信があるように見え、信頼されやすい

OK

コツ1
天井から糸で引っ張られるようなイメージで背中を伸ばす

コツ2
体の前に広い「面」を意識して手を浮かすことで、堂々と見せる

NG
手を体の前だけで動かすと、モジモジと頼りなく見える。新人にありがち。

●人の話を聞くときは、リアクションを大事にして謙虚さをアピール

OK

コツ1
うなずくときは体全体を使う

コツ2
イスに浅く座って、リラックスしない

NG
イスに深く腰掛けると、うなずくときも首だけのリアクションになってしまうのに加え、偉そうに見えて損をする。

Chapter 2　身だしなみ

デキる社会人のためのポイント！

① 立ち方や立ち居振る舞いは、あなたを印象づける大きな要素。

② 意識すると、「デキる社会人」に見られ、必ず得をする！

● Chapter 2／デキる社会人のビジネスマナー①社内編

3 服装に気を配る

◎よくあるNGパターン

「デキる人」に見られるために、新入社員が簡単に実践できることは、**服装に気を配ること**です。逆にいえば、身にまとう服装によっては「こいつに仕事を任せても大丈夫なのか？」と悪いレッテルを貼られ、損をしてしまうこともあります。学生時代と違い、ビジネスマンの身だしなみにルールがあるのは、**「私の仕事ぶりを信頼してください」という証・アピールでもある**のです。

私が新入社員を見ていて残念だと思うのは、足下に気を配っていない人が多いこと。男性の場合は、白い靴下ではなく、スーツと同色のものを選びます。また、学生気分で丈の短い靴下をはくのは、座ったときに足の毛が見えてしまうので恥ずかしいことだと認識しましょう。女性の場合も、ストッキングの伝線はもちろんのこと、毛玉のついたタイツなどは印象がよくありません。靴のかかとが削れている人もよく見かけます。他人は意外と細部まで見ているもので、この場合も「きちんとメンテナンスしていないなぁ」と評価を下げる要因になります。

◎服装の基本は「清潔」に

服装は基本的に清潔であれば問題ありませんが、**定期的にメンテナンスしておくことが最低条件**です。コートやスーツはクリーニングに出し、靴のかかとの汚れや袖口のほつれなどは、こまめにチェックします。靴のかかとは使わなくなったストッキングなどキメの細かな布で磨くだけで、輝度(きど)がグッとアップします。新人のうちは、なかなか高価なものを購入することができませんが、まめに手入れをするだけで一段上のグレードに見せることも可能です。

私自身、新入社員の頃は着こなしには無頓着でした。しかし、考え方を変え、服装にも気を配るようになったことで自分に自信が持てたうえ、まわりの人の見る目が変わり、仕事をうまく動かせるようになりました。職場にいる着こなし上手な先輩をお手本にしながら、服装に気をつけてみましょう。

これだけはそろえておこう

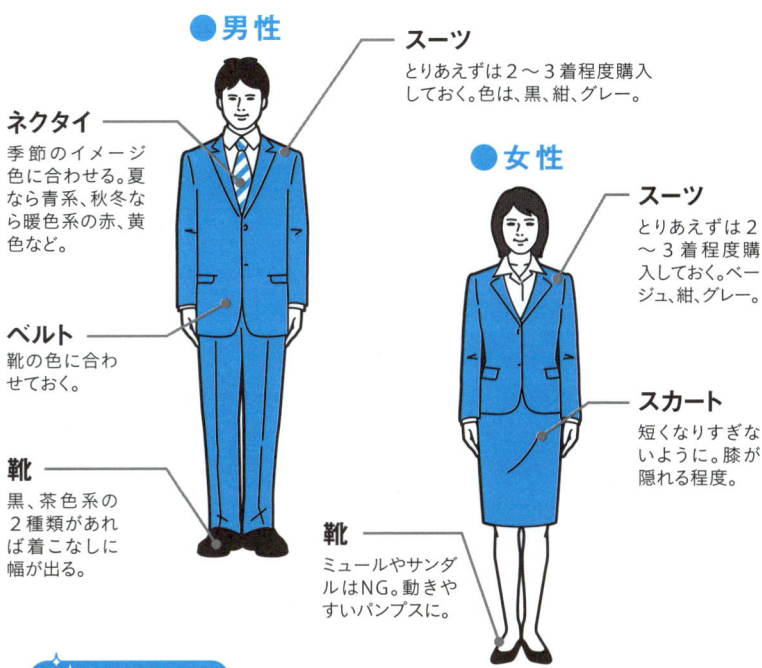

●男性

ネクタイ
季節のイメージ色に合わせる。夏なら青系、秋冬なら暖色系の赤、黄色など。

スーツ
とりあえずは2〜3着程度購入しておく。色は、黒、紺、グレー。

ベルト
靴の色に合わせておく。

靴
黒、茶色系の2種類があれば着こなしに幅が出る。

●女性

スーツ
とりあえずは2〜3着程度購入しておく。ベージュ、紺、グレー。

スカート
短くなりすぎないように。膝が隠れる程度。

靴
ミュールやサンダルはNG。動きやすいパンプスに。

✨ Level up!

高級な万年筆であればまだしも、鉛筆や安いボールペンは胸ポケットに入れないこと。相手の目に一番入ってきやすい部分で、どことなく安っぽく見えてしまう。必要な場合はジャケットの裏ポケットに入れよう。

サッととりだす

デキる社会人のためのポイント！

① 服装は信頼性に直結する！

② 高いものを買いそろえる必要はないが、「清潔」にしておくことが基本。

Chapter 2 身だしなみ

● Chapter 2 ／デキる社会人のビジネスマナー①社内編

4 髪型ひとつも おろそかにしない

◎顔まわりはとくに注意を払う

　髪型も服装と同じように、基本は清潔であることを心がけます。とくに営業や接客、受付など外部と関わる人は注意してください。顔まわりは、服装以上に相手の印象に残ります。

　また、"会社のブランド"を損なわないことにも気をつけましょう。会社のブランド、というと難しく聞こえますが、たとえば、化粧品会社とIT関連会社のイメージを一律にくくることはできません。業種によって、大事にしている会社のイメージ、雰囲気は違います。つまり、**あなたも会社の一員である限り、そのブランドに沿った存在でなければいけないということ**です。会社の先輩たちをよく見てみること、同じ業界で働く人たちの雰囲気を真似することも大事だと思います。

◎髪型における身だしなみのポイント

　髪がボサボサ、ワックスの固まりがついている、染めている場合は生えてきた黒髪のせいでプリンのような色合いになっているなど、心当たりはありませんか？　最低限、気をつけるべきなのは寝グセのままで出社しないこと。きちんと整髪して出社しましょう。**基本は「お天気キャスター」「朝のアナウンサー」をイメージするとよい**でしょう。健康的でさわやかに身だしなみを整えているので、失敗することがありません。

　女性の場合、メイクについても「お天気キャスター」を参考にしてみるのがいいと思います。とくにアイラインやつけまつげなどが過度な場合は、きつい印象を持たれてしまうので、お手本にしながら注意してみましょう。男性の場合は、オフィスに入る前など、スーツの肩部分にフケがついてないかチェックすることも欠かせません。

毎朝、鏡でチェックしたいこと

Check ✔
髪
寝グセはないか、生え際は汚く見えないか

チェックポイント：
手鏡で後ろ姿をチェックするのも忘れずに！ 人は後ろ姿もよく見ている。

Check ✔
ヒゲ
無精ヒゲになっていないか

チェックポイント：
毎朝、剃り残しがないかチェック。とくにアゴの下部分は剃り残しがちなので念入りに。カミソリによる肌荒れや傷は目立つので注意！

Check ✔
鼻毛
きちんとカットされているか

チェックポイント：
鼻の頭をつまんで鼻毛が出てきたら要注意。鏡で見ているときは大丈夫でも、後々出てきてしまうこともある。

Check ✔
眉毛
長すぎていないか

チェックポイント：
伸ばしっぱなしは、不潔のレッテルが貼られることもあるので短くカットを。ただし、過度に細くするなどイジりすぎも印象はよくない。

Check ✔
歯
食べものがついていないか

チェックポイント：
手鏡で笑顔をつくってみよう。歯間にモノが詰まっていたりすると、人の視線はそこに集中する。

Check ✔
メイク
ナチュラルメイクになっているか

チェックポイント：
アイラインやつけまつげなどは、派手な印象になりすぎないように。ノーメイクは避け、健康的に見えるように。

デキる社会人のためのポイント！

① 清潔に見えないのは、相手とコミュニケーションをとるうえで絶対に損をする！

② とくに外部の人と関わるときは、会社のブランドを損なわないように注意を払おう！

Chapter 2 身だしなみ

● Chapter 2 ／デキる社会人のビジネスマナー①社内編

5 敬語の基本を覚えよう

◎デキる社会人として振る舞うための敬語

　敬語を上手に使うこと、これは社会人としてクリアしなければならないことの１つです。慣れていないと、自分の考えや思いをうまく表現できず、戸惑うこともあるかもしれません。しかし敬語は、あなたの先輩や上司はもちろんのこと、**はじめて会う人や電話越しの相手と、円滑にコミュニケーションをとっていくために欠かせないツール**です。正しい使い方をしないと、ときには相手をいらだたせ、また常識のない人だとなめられてしまうこともあります。

◎尊敬語・謙譲語・丁寧語の使い方

　敬語の種類は尊敬語・謙譲語・丁寧語の３つ。尊敬語とは敬意を表すために、**相手の動作や相手となる先輩・上司・お客様などを高めて使う言葉**です。自分の動作ではなく、相手の動作に対して用います。間違えやすいのは、社外の人と話している際に、社内の人間に対して尊敬語を使用してしまうパターンです。たとえば「ただいま弊社の鈴木部長は出張されていまして……」という言い方は、身内の人間を高めているため失礼にあたります。

　謙譲語とは、**自分の動作や自分を低めて相手に敬意を示す言葉**です。「14時におうかがいいたします」「拝見します」などがその例です。これも尊敬語と混同して「先ほど参られた方は……」や「拝見なさってください」など社外の人に使ってしまう人がいますが、絶対にNGです。

　丁寧語は、ふだん友人・知人同士で話している言葉に「お〜、ご〜」をつけ、文末に「です、ます」をつけることで丁寧に表現する言い方です。

　また、敬語を流暢(りゅうちょう)に使いこなすことも大事ですが、飲み会の席などではあえて少しフランクに会話をして、先輩にかわいがってもらうのも大切です。敬語をバランスよく使いこなせるようになったら、ぜひ実践してみましょう。

これだけは使いこなしたい基本の敬語

基本形	尊敬語（相手を高める）	謙譲語（自分を低める）
する	なさる	いたす
言う	おっしゃる	申し上げる、申す
（〜に）いる	いらっしゃる、おいでになる	おる
行く	いらっしゃる、おいでになる	参る
来る	お見えになる、お越しになる、おいでになる	参る、うかがう
訪ねる	いらっしゃる	うかがう、おうかがいする
あげる	くださる	差し上げる
食べる	召し上がる	いただく
見る	ご覧になる、ご覧くださる	拝見する
もらう	お受けになる	頂戴する、いただく
聞く	お聞きになる、お耳に入る	うかがう
会う	お会いになる、会われる	お目にかかる

Chapter 2 敬語

✨ Level up!

「あっち、こっち」ではなく「あちら、こちら」、「きのう、きょう」ではなく「さくじつ、ほんじつ」と言い換えてみよう。使いやすいうえに、利用してみるとグンと敬語力がアップする。

> 先輩、あっちです

デキる社会人のためのポイント！

① 敬語は、ビジネスを円滑に進めるためのコミュニケーションツールととらえよう。

② 1日でも早く正しく使えるように、憶さずに使っていこう！

● Chapter 2／デキる社会人のビジネスマナー①社内編

6 ワンランク上の敬語表現

◎メールは接遇表現を活用しよう

　基本の敬語以外に、接遇表現もマスターしましょう。とくに顧客に対して使用する言葉で、具体的には、「わかりました」ではなく「承知いたしました」、「そうです」ではなく「さようでございます」、「できません」ではなく「いたしかねます」などと言い換えることで丁寧さを表す表現です。接遇表現をうまく使えるようになると、社内の人だけでなく、社外の人とのコミュニケーションもより一層、円滑にできるようになります。

　また、接遇表現は、メールでのやりとりにおいてもよく用いられます。最近では、メールでのコミュニケーションが多いビジネス環境になってきています。しかし、**文字だけのやりとりだと無機質・無礼になってしまう**ことが少なくありません。できるだけ丁寧な言葉を用いて物事を相手に伝えることが求められますから、接遇表現をうまく活用します。

◎クッション言葉で謙虚さをアピール

　クッション言葉も覚えておくと便利です。用件の前に置くことで、スムーズに話が進むようにするフレーズです。

　たとえば「資料をお送りください」というときに、「恐れ入りますが」と一言添えることで相手への配慮を示すことができます。他にも「申し訳ございませんが」「お手数をおかけいたしますが」などは、ビジネスでよく使う表現です。

　とくに、**物事を依頼するときや断るときにクッション言葉を用いると、受け手側の印象も柔らかくなり、**より仕事が円滑に進めやすくなります。

　メールの文末で「よろしくお願いいたします」と表現する際にも、「お手数をおかけいたしますが、よろしくお願いいたします」とクッション言葉を活用してみると、グッと印象はよくなるでしょう。

マスターしたい接遇表現＆クッション言葉

●接遇表現

誰ですか ―――▶ どちらさまでいらっしゃいますか
いいですか ―――▶ よろしいでしょうか
どうですか ―――▶ いかがでしょうか
あります ―――▶ ございます
そうです ―――▶ さようでございます
わかりました ―――▶ 承知いたしました、かしこまりました

> 使いこなしてデキる度up!

●クッション言葉

- 恐れ入りますが
- 失礼ですが
- 申し訳ございませんが
- あいにく
- 残念ですが
- お差し支えなければ
- お手数をおかけいたしますが
- 大変身勝手なお願いではございますが
- つかぬことをうかがいますが
- 喜んで
- ぜひ

✨ Level up!

たとえば、「メールをお送りください」ではなく、「ご多用のところ恐れ入りますが、メールにてお送りくださいますようお願いいたします」と、クッション言葉を添えれば、謙虚さや相手への配慮を表すことができる！

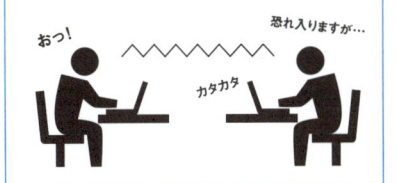

デキる社会人のためのポイント！

① 接遇表現とクッション言葉は、メールなど、文字のやりとりをする際に重宝する。

② 物事を依頼するときや断るときはクッション言葉を活用すると、相手への配慮がアピールできる！

● Chapter 2／デキる社会人のビジネスマナー①社内編

7 学生コトバをなくそう

◎敬語の言い間違いよりも"ヤバい"言葉

　敬語の使い方よりも前に、気をつけたいのが「学生コトバ」です。たとえば、「超」「マジ」「なんか」という言葉。あなたも無意識のうちに使用していませんか？

　親しい友人同士や、フランクに接したいときに意図的に用いるのならかまいませんが、そうでない場合は「教養がないなぁ」と思われてしまいます。**ビジネスの現場には不釣り合いなうえ、場合によっては敬語の言い間違いよりも不快**に聞こえます。

◎1日も早く忘れてしまおう、その学生コトバ

　とくに「なんか」というのは、つい口に出してしまいがちな言葉です。「なんか報告しづらいというか……」「なんかいいと思ったのですが……」のように、口グセとなってしまっている人もよく見かけますが、これはビジネスでは不適当な言葉です。ビジネスの現場では、正確さが求められます。「なんか」は、物事をぼかして角を立てないことを得意とする日本語らしい言葉ですが、**曖昧なコミュニケーションを避ける**ためにも使用するのはやめましょう。

　また、最近は「普通に」という言葉もよく聞きます。「いやー、普通にすごいですね」など、"すごい"を強調する意味合いで用いています。しかし、ビジネスでは、**世代の異なる人と接する機会も格段に増える**ものです。同世代間で特定の言葉の使い方を共有できている場合はいいでしょうが、別の世代には通じないこともあります。その場合、若者だけが使用している表現を使うと、相手は無礼にさえ感じてしまいます。

　学生コトバは「子どもっぽさ」や「教養のなさ」が全面に出てしまう言葉です。敬語のマスターも大切ですが、ふだん使用している言葉を振り返ってみるのも大事なことでしょう。

先輩が聞きたくない学生コトバ

(先輩、そのネクタイ、超かっこよさげっすね)

マジヤバいっす

イラッ

フレーズ / イライラポイント

「普通にいいですね」……… 何をもって"普通"!?
「正直言って〜」……… はじめから正直に言え!!
「〜系ですね」……… 「系」はおまえが分類したのか!?
「マジっすか」……… 体育会系のノリ「っす」は不快!! マジもダメ!
「それ、よさげですね」……… 「げ」ってなに!?
「一応、やっています」……… 「一応」ってなんだ! はっきりしろ!
「そうじゃないです」……… 子どもっぽいなぁ
「〜しちゃったんです」……… 子どもっぽいなぁ
「あたし的には〜」……… あたしもダメだし、「〜的」もダメ!
「イイ感じですね」……… アクセントが違う!

デキる社会人のためのポイント!

① 学生コトバは、敬語の言い間違いよりも不快に聞こえる場合もある。

② 知らず知らずに使っている言葉にも注意を払ってみよう!

Chapter 2 正しい日本語

● Chapter 2／デキる社会人のビジネスマナー①社内編

8 日本語は正しく！が基本

◎同語反復（トートロジー）に気をつけよう

　敬語を使い誤る新入社員は多いですが、同語反復（トートロジー）を使ってしまう人もよく見受けられます。

　同語反復とは、たとえば「お腹が腹痛だ」「会社に帰社する」という日本語です。つまり、何かの状態を表すときに同じ意味の言葉を複数含めたフレーズで表現してしまうのが同語反復です。この場合、「お腹が」「会社に」は必要なく、「腹痛だ」「帰社する」で意味は通じます。

　このような正しくない日本語を、さも正しいかのように堂々と使っていると、「この人は、教養がないのだな」と評価されてしまいます。

◎横文字の使いすぎに気をつけよう

　また、横文字を乱用する新入社員をよく見かけます。自分を大きく見せようと思うのか、覚えたての横文字の専門用語を使いたがる傾向にあるようです。

　たとえば、「アサイン」「アラート」「リマインド」「コンセンサス」「PM」などの用語。IT業界やコンサルティング業界の現場でよく耳にする言葉です。

　これらの横文字を上手に使えると「デキる人」のようで、さもカッコよさそうですが、社内ではまだしも社外の人に通じない可能性も高く、不用意に使用すると相手に不快感だけを与えます。とくに相手に何かを伝えたい場面では、使用を控えてください。**誰にでもわかる言葉で会話をする、誰が読んでもわかる文章で文書を作成する、という姿勢でコミュニケーションをとるのが基本**です。

　新人のうちは、業務も完璧にこなせるわけではありません。専門用語を多用して自分に酔いしれるよりも、日本語の正しい使い方、相手に合わせた言語の使い方に注意してコミュニケーションをはかっていきましょう。

横文字の乱用は避けよう

仕事できそうでしょ？

プロジェクトに アサインされてさ
意味：
この仕事を進める メンバーに任命されて

例の件、アラート しておいてね
意味：
例の件、進捗状況を確認しておいて

この会議で、コンセンサスをとりましょう
意味：
この会議で一同の合意をとりましょう

PMに確認してもらえますか？
意味：
プロジェクト・マネジャーに確認してもらえますか？

仕事がかなりマルチなので
意味：
同時並行で進んでいる仕事がたくさんあるので
注）マルチ＝マルチタスクの略

Chapter 2 正しい日本語

✕

新人の横文字の乱用は、先輩から見て気持ちよいものではない。業務もこなせないのに横文字ばかりを使っていては、マイナスの印象に

デキる社会人のためのポイント！

① 教養がない人と思われないためにも、正しい日本語の使用を心がけよう！

② 正しい日本語が使えないうちに専門用語を使うのを、まわりは好ましく思わない！

● Chapter 2／デキる社会人のビジネスマナー①社内編

9 電話の応対時に求められること

◎電話は、すぐに連絡をとりたいときのツール

電話は、社内外を問わず、ビジネスシーンでよく使われるコミュニケーションツールの1つです。すぐに意思疎通がはかれるため、**急ぎの案件の処理や問題の解決に向いています。** 一方、メールやFAXなどのように、やりとりの細かい経緯は基本的に残らないため、迅速・正確・簡潔に用件の伝達や意思の疎通を行って、後々の間違いやミスのもとにならないようにすることが大切です。

◎電話の特性を理解し、適した応対方法を身につける

ビジネスの現場で電話応対をするにあたって、3つのポイントを押さえておきましょう。1つ目は、電話を通したあなたの話し方や声の表情が、**組織のイメージにつながる**ということです。電話は「会社を代表する声」といわれます。電話の応対は「接遇＝もてなす」という意識を持ち、お互いが気持ちよくコミュニケーションできるようにしなければなりません。

2つ目は、**一方的な性質がある**ものだということです。着信は相手の都合に関わらず、一方的に飛び込んできます。相手が忙しいとわかっている時間や、夜の遅い時間は避けるという配慮が必要です。

3つ目は、お互いの顔が見えない、**音声だけのコミュニケーション**だということです。そこで、相手に自分の意思を正確に伝えるためには、声の調子や話し方、言葉づかいについて、ふだん以上に注意する必要があります。とくに**同音意義語、類似音、固有名詞の発音には注意**し、間違われやすい言葉には説明をつけるようにしましょう。

丁寧かつ正確な電話応対ができていれば、上司や取引先から「おっ、デキるやつだな」と信頼度も上がりますし、効率よく仕事を進めていくことにつながります。新人のうちから、しっかりと身につけておきましょう。

電話応対の2原則

原則1 相手の状況への配慮を欠かさない

「今、お電話よろしいでしょうか？」

「どうぞ」

相手の気持ちを考慮しよう

相手は仕事を中断して電話に出ているので、すぐ用件に入らず、相手の都合を聞いてから話し始める気配りも大切。また、相づちを適度に入れるように。

原則2 はっきりとした発声で、わかりやすく話す

「ディープランがいいですね」

（えっ、D？ B？）

あえて「デー」と発音するなど、聞きとりやすくしよう

常にクリアな音が相手に届いているとは限らない。発音や語尾を明確にし、普段よりもワントーン高い声で話すとよい。

デキる社会人のためのポイント！

① 顔が見えないからこそ、普段以上に声の出し方と言葉づかいを意識する！

② 電話応対ひとつで、社内外の評価と仕事の効率が変わる！

Chapter 2　電話応対

● Chapter 2／デキる社会人のビジネスマナー①社内編

10 電話の受け方

◎電話を受ける準備はバッチリ？

いつ電話が来てもいいように、机には常にメモとペンを用意しておくことが基本です。日程調整の依頼などがくる場合もあるので、カレンダーも見えるところに置いておきます。

電話がかかってきたら、相手を待たせないために、極力早い段階で出ましょう。2～3コール以内で出るのが目安です。電話に出たら、「**お電話ありがとうございます、(会社名)でございます**」と答えます。相手が名乗ったら、会社名、氏名を正しく聞きとり、「**○○様でいらっしゃいますね。いつもお世話になっております**」と応じ、メモに記入しながら復唱・確認しましょう。

◎電話を受けたあとのコツ

相手が誰と連絡をとりたいのか、あなたに伝えてきたら、名指し相手がいる・いないに関わらず、まずは「**○○でございますね。少々お待ちくださいませ**」と断りを入れて、名指し相手がいるか確認します。

名指し相手がいればそのままつなぎ、不在の場合は「恐れ入りますが、ただいま○○は席を外しております。いかがいたしましょうか？」と確認をとります。相手が取引先（お客様）である場合は、敬意を示すためにも、「**折り返し、お電話差し上げましょうか**」と、基本的にこちらから折り返す旨を伝えることもポイントです。そうでない場合は、相手から「**ではまた改めてご連絡します**」と言われる場合が多いので、用件を確認・メモのうえ、名指し相手に連絡があった旨を伝えておきましょう。このとき、相手の名前と連絡先は誤りのないようにメモしておきます。

新入社員の頃は、電話応対は緊張するものです。しかし、何回も繰り返すうちに必ず慣れる業務です。まずは憶さずに率先して受話器をとりましょう。

こんな失敗に注意！

●社名や名前を間違える

「ヤマザキさまでございますね？」
「いえ、ヤマサキです」

聞きとりづらい場合に、「もう一度よろしいですか？」と復唱をお願いするのは失礼なことではない。

●内線失敗！

内線を回す手順はしっかり確認しておく。くれぐれも切ってしまわないように！

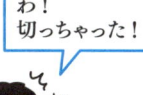

「わ！切っちゃった！」

ガチャ
プープー

●勝手に判断……

「御社は○○ですね？」
「はぁ、……い。おそらく、そうだと思うのですが…」

わからないことを聞かれたら、無理して答えず「確認いたしますので、少々お待ちください」と断りを入れて保留し、まわりの人に聞いてみる。

●聞きとりミス

相手の名前、電話番号は最低限、必ず聞いてメモに控えること。曖昧でわからないときは、復唱を求めて確実に。

「○○さん宛てに電話があったのですが、名前を控えるのを忘れました」

えっ？

デキる社会人のためのポイント！

① いつでも伝言できるように、メモ・ペンは常に携帯しておこう。

② はじめは緊張するが必ず慣れるものなので、苦手意識を持たず、積極的に挑戦していこう！

Chapter 2　電話応対

● Chapter 2／デキる社会人のビジネスマナー①社内編

11 電話のかけ方

◎電話のかけ方

　取引先への電話は、入社してすぐに任される仕事の1つです。電話を受ける際と同じように、はじめは慣れないものですが、次のポイントに気をつけながら実践していきましょう。

　まず、事前準備を怠らないようにします。相手の所属部署、役職、氏名をきちんと確認しておきましょう。また用件は、あらかじめ話す順序に沿ってメモしておきます。私が担当した新人研修の電話応対練習では、何の準備もせずにいきなり電話をして頭が真っ白になってしまった人が何人もいました。

　次に、電話の相手が出たら「**いつもお世話になります、（自社名）・●●部の○○と申します**」と話します。相手が会社名や氏名をメモする時間をとれるよう、あまり早口にならないように気をつけます。

　最後に用件を伝えます。はじめに「**先日の見積りの件で**」「**先ほどいただいたメールの件で**」などと、何の話なのかを明確に伝えたうえで話し始めると、相手も話の内容を理解しやすくなります。

◎自信を持って電話をかけるには

　顔が見えず、なおかつ誰が出るかもわからない電話でのコミュニケーションは、誰でも緊張するものです。そんなときに大事なのは、慌てず自信を持って話をすることです。

　そのためのコツは2つ。1つは**立ちながら電話をしてみる**ことです。ふだん取引先の前であいさつをするように、実際に体を動かしながら電話をかけてみてください。相手が目の前にいることを想像しながら話すことで、リラックスして会話ができるようになります。もう1つは、**話すスピードを普段よりもずっとゆっくりにする**ことを心がけます。慌ててもいい結果は生まれません。何にせよ、まずは実践！　慣れることから始めましょう。

こんな電話は好ましくない

◎「はあ〜」「そうなんですか〜」と、相づちが鼻に抜けるような声

ダメポイント：
きちんと聞いているのか？と不信に思われてしまう。

> **改善するコツ**
> 「ハイッ！」「アリガトウゴザイマスッ！」のように、キレが出るような息の仕方・継ぎ方を意識しよう。

◎声が低すぎる、または高すぎる

ダメポイント：
ボソボソと聞こえる。

ダメポイント：
キンキンと耳障りな声になっている。

> **改善するコツ**
> 公共施設でのアナウンスをイメージしてみよう。通りやすい声を意識しているエキスパートだ。

◎鼻息、口息がうるさい

ダメポイント：
せっかくの内容も、不快な音で集中して聞いてもらえない。

> **改善するコツ**
> 話し口を正しい位置にしているかチェック。口元に近づけすぎるクセはないかなど、振り返ってみよう。

◎リアクションをしない

ダメポイント：
話を聞いているのか、不安にさせる。

> **改善するコツ**
> 適度に「ハイ」や「えぇ」の相づちを打つ。しっかり聞いていることをアピールする。

デキる社会人のためのポイント！

① 電話をかける前に何を伝えるか、事前準備をしておこう！

② 苦手だと感じたら、ゆっくりと話す、立ちながら自信を持って話すことを実践してみよう！

Chapter 2　電話応対

● Column②

電話でNGな言葉づかいとは?

「もしもし」「はいはい」というフレーズは、ふだんの電話でよく使うフレーズです。しかし、ビジネスの電話応対では使用しないほうがいいとされています。

諸説ありますが、「もしもし」は、もともと「言う」の謙譲語である「申す申す」が語源になり、徐々に短縮化されたといわれています。日本で電話が開通したばかりの頃は通話の品質もけっして高くなかったので、「私の声、聞こえていますか? 申しますよ」というニュアンスで「申す申す」が使われるようになった、という説です。

今では基本的に電話はきちんと聞こえますし、「もしもし」ではなく「お世話になります」「はい、お電話かわりました」などという言葉にかえ、できるだけ使わないようにすることがマナーです。

次に「はいはい」ですが、電話越しに「はいはい」と応対すると、「この人、まじめに話を聞いてくれているのかな、流しているんじゃない?」という気持ちにさせてしまう可能性があります。相手に対しきちんと聞いていますという姿勢を声で示すためにも「はいはい」ではなく、はっきりした声で「ええ」などの相づちで反応するとよいでしょう。

他にも、「よろしかったでしょうか」というフレーズを当たり前に使ってはいませんか? 電話に限らず、日常やメールでのコミュニケーションでも見られる言葉ですが、実は「よろしいでしょうか」が正しい表現です。「よろしかった」だと、現在時点の確認に対して過去形での表現になっており、日本語に齟齬が生じてしまいます。

以上の点も、ぜひ、気をつけてみてください。

正しい言葉づかいで応対もバッチリに!

Chapter 3

デキる社会人のビジネスマナー②
社外編

Keyword

- 名刺交換
- ビジネス文書
- メール
- FAX
- 顧客訪問
- 席次

● Chapter 3／デキる社会人のビジネスマナー②社外編

1 名刺交換の心構えとコツ

◎名刺はあなたの証明道具

　名刺はただの紙ではありません。あなたがどんな仕事や役割を担っているかを証明してくれるツール、いわば"分身"のようなものだといえます。

　社会人のあいさつは、名刺交換から始まります。このとき、お互いの"分身"を交換し合うわけですから、丁寧な対応はもちろんのこと、**名刺を相手そのものだと思い、丁寧に扱いましょう**。初対面の相手だからこそ、第一印象で信頼のおける人間だと印象づける必要があります。それには、きちんとしたビジネスマナーに則ることが大事です。

◎名刺交換のマナーとは

　名刺は、基本的に若手・地位の低い人から渡します。新人は必ず自分から名乗り、名刺を差し出しましょう。「（自社名）の（氏名）と申します」とはっきり伝え、相手から見て逆さまにならないように渡します。このとき、**相手の目をきちんと見ることと、自分の名前はゆっくりと伝えること**を意識してください。丁寧さをアピールできます。

　名刺を受け取る際は、「頂戴します」と一言添えてから両手で受け取ります。まだ、仕事を十分にこなせないうちは、相手から名刺をもらえるだけでありがたいことです。ですから、「ありがとうございます」という気持ちを相手に伝えることが大切です。コツは「相手とハグをする」ような気持ちで名刺を受け取ること。このような姿勢で臨めば、自然と相手に感謝とへりくだった姿勢を示すことができ、悪い印象を与えません。

　もらった名刺は、名刺入れをクッションに見立て、その上に乗せておきます。「"分身"を大事に扱っていますよ」というアピールの意味もありますが、名前をすぐに確認できるようにするためでもあります。ただし、複数人と交換した場合は、机に直に置いてかまいません。

悪い印象を与えてしまうポイント

✕ 相手が名刺を出すのを待っている
新人から名乗って渡すのが基本。先に渡されてしまったときは「申し遅れました」と一言添えよう。

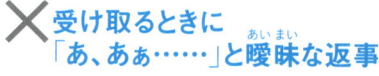

✕ 受け取るときに「あ、あぁ……」と曖昧な返事
「頂戴します」とはっきり言おう。

> 緊張してマナー違反とならないように、落ち着いて渡そう

✕ 渡す際、相手の名刺の上に自分の名刺をかぶせる
差し出すときは、必ず自分の名刺が相手の上にかぶらないようにしよう。

✕ もらった瞬間に名刺入れにしまう
もらった名刺は、しまわず名刺入れの上に乗せておくこと。複数もらったときは、席順に並べるのが基本。

✨ Level up!
名刺を忘れた場合は、忘れたとは言わず「あいにく切らしておりまして」と伝えるのがスマート。

デキる社会人のためのポイント！
① 名刺は自分がどんな人間かを紹介する証明道具。
② 自分から、相手の目を見てしっかりとあいさつしよう！

Chapter 3　名刺交換

● Chapter 3 ／デキる社会人のビジネスマナー②社外編

2 文書でのコミュニケーションの心得

◎メールはコミュニケーションのサポートツール

　ビジネスでは、口頭だけでなくメールやFAXなどの文書でコミュニケーションをとる場合があります。文書でのやりとりは、文字で一部始終の記録を残せるため、後から「言った・言わない」と曖昧な事態になることを防ぐメリットがあります。
「物心ついたときには、すでに携帯電話があった」という世代は、とくにメールのやりとりに注意したいものです。電話よりもメールでのコミュニケーションに慣れていると思いますが、ビジネスにおいては、メールはあくまでも「サポート役」でしかありません。メールは、**電話や直接口頭でやりとりした内容を確認・証明するためのツールとして使用する**のです。
　そのため、メールを送ったときには、送りっぱなしにしておくのではなく、電話でも「送りました」と連絡を入れるなどのフォローが必要です。

◎メールと電話をうまく組み合わせる

　メールを書くときは、長文にせず、できるだけ端的に用件を書きます。手軽に文書を作成できるツールではありますが、先にも触れたように、あくまでも「サポート」役です。何を伝えたいかがわからない長文をだらだらと書いても、相手は読んでくれません。文書での説明が複雑で難しい場合は、メールだけでなく電話でも説明するなどの工夫が必要となります。
　その他、急を要する事態でメールを使用するのは要注意です。相手にいつ見てもらえるかがわからないため、必ず電話で連絡するようにします。
　ポイントは**2つのツールをうまく組み合わせること**です。メールだけでは、どうしても無機質なやりとりになってしまうもの。ビジネスで相手と関係を築くときは、文書だけでなく直接話すことが欠かせません。

文書のメリット・デメリット

メリット：「言った・言わない」を防げる

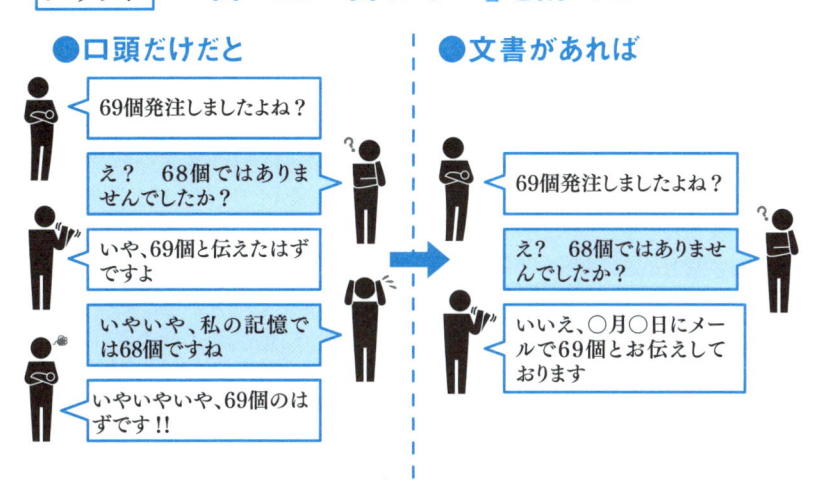

●口頭だけだと

- 69個発注しましたよね？
- え？ 68個ではありませんでしたか？
- いや、69個と伝えたはずですよ
- いやいや、私の記憶では68個ですね
- いやいやいや、69個のはずです!!

●文書があれば

- 69個発注しましたよね？
- え？ 68個ではありませんでしたか？
- いいえ、○月○日にメールで69個とお伝えしております

デメリット：無機質なコミュニケーションになってしまう

❌ 依頼事
❌ 謝罪
❌ 金額の交渉

とくに左にあげた3つはメールだけで終わらせてはいけない。たとえば、メールで「大変反省しております」と書いても、あくまでも文字なのでそこに感情や表情はない。メールは、直接会って話す、電話で話すなどしたあとのフォローツールとして使用する。

デキる社会人のためのポイント！

① メールは、あくまでもコミュニケーションのサポートツール。

② 電話と文書をうまく組み合わせることが大切！

● Chapter 3 ／デキる社会人のビジネスマナー②社外編

3 文書の基本的な書き方

◎わかりやすくシンプルに書く

　ビジネス文書は「思いをつづった手紙」ではないということを、まず第一に押さえておきましょう。とくに携帯メールに慣れ親しんでいる世代は、思いのたけをそのまま文書として送る感覚を持っています。私生活ではそれでもかまいませんが、ビジネスの現場ではNG。**伝えたいことをきちんと整理して、簡潔な文章で作成すること**が求められます。

　たとえば1文が100字以上にも渡ると読みづらく、相手にストレスを与えてしまう可能性があります。また、用件が複雑になる場合は箇条書きを活用することも基本です。1、2、3、と表記して内容を整理しておくことで、相手も全体像が把握しやすくなります。

　相手にきちんと理解してもらうためには、できるだけわかりやすい言葉を使用することも心がけましょう。たとえば社内で「会議」のことを「MT」という略語で示している場合、社内メールでは「MT」と表記しても問題ありませんが、社外の人には「ミーティング」と書かなければ通じません。

◎送る前のチェックは欠かさないこと

　どんな文書でも、送る前には必ず読み返してください。送った文書は、会社が送ったものとして相手の手元に残ります。不用意なことを記述していないか、入念にチェックが必要です。また、相手に失礼がないよう、**相手の会社名や名前に間違いはないか**、とくに確認しましょう。

　資料を添付する際は、添付する書類に誤りがないか、または添付忘れがないかなど、二重三重のチェックを怠らないようにしてください。うっかり書きかけのメールを送ってしまった、間違えた書類を添付してしまった、といったミスはあってはいけません。

文書の作成では3Kに気をつけよう

●NG例：読みづらくストレスを感じる文書

> お世話になります。○○商事の××と申します。
> この度は、弊社のホームページよりお問い合わせをいただき、ありがとうございます。お問い合わせいただいた件につきまして弊社にて確認をとりましたので、本メールにてご連絡させていただきます。まずワイン在庫の件ですが、問題ないようでした。ですので、すぐに送らせていただきます。差し支えなければ送付先の住所を教えてください。そして、弊社主催のフランス輸入品展示会については、まだ参加枠があいておりましたのでお申し込みが可能でございます。ですので、こちらも申し込み先をご教示たまわりたく、お願い申し上げます。
> よろしく、ご確認くださいませ。

3K
- K「結論」がわからない！
- K「簡潔」でない！
- K「改行」がない！

●OK例：スッキリと読みやすい文書

> お世話になります。
> ○○商事の××と申します。
> この度は、弊社のホームページよりお問い合わせをいただき、
> ありがとうございます。
> お問い合わせいただいた件につきまして、2点ご連絡いたします。
>
> 1. 在庫がございましたので、早急に送付いたします。
> 2. 展示会にも空席がございましたので、
>   受け付けさせていただきました。
>
> よろしく、ご確認くださいませ。

グッド
3Kを意識することで、わかりやすく読みやすい

デキる社会人のためのポイント！

① 読み手の気持ちを考えて、わかりやすい文書を作成することが大切。

② 送付するときは入念にチェックを入れるようにしよう！

● Chapter 3／デキる社会人のビジネスマナー②社外編

4 メール作成の基本

◎メール作成のコツ

　メールの件名は簡潔にし、また目立つように工夫します。たとえば、【HYBRID・松島】のように会社名と名前を入れることで、相手の受信フォルダに埋もれないようになります。

　メールの本文は、冒頭の文章であいさつしてから本題に入ります。簡潔な文章で伝え、30〜40字程度で改行を入れる、空行を入れるなどして読みやすさも考慮しましょう。本文の末尾は、相手へのあいさつでしめます。

　最後に、誰からのメールなのか、連絡先はどこなのかを明示するために署名は必ず入れておきます。最低限、社名・部署・氏名・電話・FAX・メールアドレスが入っていれば問題ありません。

◎気をつけたいポイント

　メールを書いたら、必ず一読して内容や表現を確認しましょう。言葉の選定によって、内容の印象は異なる場合があるからです。たとえば、謝罪の意を示すとき、話し言葉では「申し訳ございません」ではなく「すみません」でもよい場合がありますが、**メールでは軽率な感じがし、不快に思われて**しまいます。

　急ぎの用件や重要な連絡については、電話や直接口頭でも連絡を入れておきましょう。相手がすぐ読んでくれるかはわかりません。

　その他、相手から受けたメールについては、できるだけ早く返信します。返信内容について上司の確認が必要な場合などは、放置せず「確認後、改めてご返信させていただきますので、何卒よろしくお願いいたします。」などの文章で、とりあえず返信しておきます。相手は自分がメールを読んでいるかどうかを知りたいはずです。**最低でもメールを受信した翌日までには返信する**ようにしましょう。

メール作成のポイント

宛先: ○○○○@△△△.co.jp

件名: 【HYBRID・松島】会議の日程について

○×株式会社 企画部リーダー　○○様

お世話になっております。
ハイブリッドコンサルティングの松島です。

＞5月1日(火)13時〜　弊社ではいかがでしょうか。

この時間で問題ございませんので、
どうぞよろしくお願い申し上げます。

───────────────
株式会社ハイブリッドコンサルティング
企画営業部
松島　準矢
Tel：090-0000-0000
Mail：□□@△△.co.jp
〒123-4567
○○区△△1-11-1　□□□ビル4F
───────────────

●件名はわかりやすく

「先日の打ち合わせを踏まえまして……」
「ありがとうございました^-^」
上記のようなメール内容がひと目でわからないような書き方はしないこと。

●引用文には「＞」などをつける

●署名はシンプルに

以下のような派手な印象の署名はフランクになりすぎる。顔見知りならともかく、顔の見えない相手にどう思われるかを考えよう。

☆･*･:｡.｡.:*･☆*･*..｡.｡.:*･☆
株式会社＊＊＊＊＊＊＊＊＊＊
＊＊＊＊＊本部　＊＊＊＊部　○○○○○
〒000-0000 東京都＊＊＊＊＊＊＊＊＊＊＊
Tel:00-0000-0000 Fax:00-0000-0000
Mail:‥‥‥‥‥@‥‥‥‥
☆･*･:｡.｡.:*･☆*･*..｡.｡.:*･☆

デキる社会人のためのポイント！

① 内容を正確に伝えるために、慎重に言葉を選び、簡潔な文章で作成しよう！

② メールを受け取ったら、早めの返信を心がけよう！

● Chapter 3 ／デキる社会人のビジネスマナー②社外編

5 FAXの基本

◎FAXを送る際のポイント

　上司や取引先からFAX送付を頼まれた場合、「FAX番号を間違えない」ことが大前提です。番号を間違えると、相手に迷惑をかけることはもちろんのこと、違う場所に送られると**会社の情報が外部に漏れてしまう**ことになります。送る前の番号確認は鉄則です。

　次に、必ず送信票をつけましょう。取引先に送るときなどは、送信票をつけて出すのがマナーです。これには、**①受信先の会社名・部署名・個人名、②送信側の会社名・部署名・個人名・電話・FAX番号、③日付、④送信枚数**などを書きます。

　そして、複数枚送るときはページ番号を入れておきましょう。全5ページなら若いページ順に1/5から順に5/5まで書くことで相手も読みやすくなります。**大量に送るときは事前に電話で知らせ**、相手側のFAX機の使用状況や用紙があるかを確認しておくだけでも、「デキる」印象づけができるはずです。

◎FAXを送ったあとも仕事がある

　FAXは送って終わり、というわけではありません。**送ったあとはきちんと相手が受信できたかどうか必ず連絡**を入れましょう。無事に送信が行われたかを確認するには、先方に届いた頃を見計らって電話するのが確実で丁寧です。その際、ページが抜けていないか、見づらい文字がないかも確認しましょう。

　また、逆にFAXで文書を受け取ったときは、「送られてきた文書の枚数がそろっているか」「文字を十分に解読できるか」などの確認が必要です。

　重要な文書については、送信してきた相手に対して、文書を無事に受け取ったことを知らせるほうがよいでしょう。送った場合も、送られてきた場合も、必ず確認の連絡をとり合うことで確実なやりとりができます。

FAX送信のご案内

日付を確認！ 2012/10/1

枚数を表記 1/5

FAX送信のご案内

●送信先　○○株式会社□□営業部

　　　　　　部長 山下　　様

●送信元
株式会社ハイブリッドコンサルティング
Tel: 090-0000-0000
Mail: □□@△△.co.jp
〒123-4567
○○区△△1-11-1 □□□ビル4F

●送信枚数　　本状を含み 5 枚

企画営業部：松島凖矢　← **担当者の氏名を明記**

●件名　　△△研修会開催のご案内

拝啓　さわやかな秋をむかえ、　← **季節の言葉を入れる**
貴社ますますご清栄のこととお慶び申し上げます。

さて、弊社主催の研修会の講義について、
別紙の通りご案内と研修レジュメを送付いたします。
ご査収の程、よろしくお願いいたします。

敬具

記

送付文書　△△研修会開催のご案内状、研修レジュメ

よろしくお願い申し上げます。　以上

✨ **Level up!**

送り先の人と顔を合わせたことがあれば、「よろしくお願いします」など、手書きであいさつを入れると好感度が上がる。

Chapter 3　文書の作成

デキる社会人のためのポイント！

① 送る前には、FAX番号の確認はもちろん、文書の枚数表記、日付に誤りがないかを確認する。

② 「送った」ではなく「相手がきちんと確認できたか」までを意識しよう！

● Chapter 3／デキる社会人のビジネスマナー②社外編

6 顧客訪問時のコツ①（訪問前）

◎準備は入念に

　顧客訪問がうまくいくかどうかは、事前の準備が8割を握っています。資料がきちんと作成できていなければ、うまく説明ができませんし、話す内容をイメージしておかなければ、言葉に詰まってしまうこともあります。

　資料の枚数は必ず2～3名分多めに準備しましょう。当日、先方の参加者が増える可能性があるからです。資料には相手の社名や日付を入れておくといいでしょう。ちょっとしたコツですが、積極的な姿勢をアピールすることができます。

　また、訪問前には、**訪問先のホームページや新聞上での情報は必ずチェック**しておきましょう。相手のビジネスがわからないのに話を進めることはできません。新人のうちは、会話のなかに出てくる「わからない専門用語」にも悩まされることがあると思います。極力、予習をしておくことが大事ですが、わからないときは「申し訳ございません、私の勉強不足で……。教えていただけますでしょうか」と正直に聞くのがよいでしょう。もちろん、次回以降は必ず対応できるように職場に戻ったら調べておきます。

◎「しゃべり」は量が質に転じる

　頭の中では相手に何を説明して、落としどころはこうで……とわかってはいても、慣れるまではうまくいかないものです。「量は質に転じる」ということをぜひ、頭の片隅に置いておいてください。

　とにかく**ロールプレイングすること**がレベルアップのコツです。相手がどんな質問をしてくる可能性があるかを考え、その質問にはこう返す、とできるだけ想定してみましょう。ロールプレイングの回数を重ねれば、訪問当日に緊張することも減り、冷静に対応できるようになります。

ロールプレイングのやり方

STEP 1
ターゲットを設定する

以下のように具体的な人物像を設定する。

（例）会社の業種は？　規模は？
（例）担当は男性？　女性？
（例）はじめて会う？　それとも2回目？

STEP 2
5分間、1人で会話を進める

最初の5分をどう舵取りできるかが大事。最低5分、相手の反応を想像しつつ、1人で会話を進めることを目標にしよう。最近は、スマートフォンのカメラ機能などで気軽に動画が撮れるので、録画をしておこう。

STEP 3
動画を見てチェック！

STEP 2の映像を見てみると、「深くうなずいたつもりが、意外と首だけでリアクションしていた」「姿勢があまりよくない」などの気づきがある。

Chapter 3　顧客訪問

デキる社会人のためのポイント！

① 専門用語や訪問先の知識の予習は欠かさないようにしよう！

② 商品説明などをするときは、ロールプレイングで自信をつけ、当日に備えよう！

● Chapter 3／デキる社会人のビジネスマナー②社外編

7 顧客訪問時のコツ②（訪問時）

◎しゃべりすぎるのは印象がよくない

　私が新入社員の頃、1人で取引先を訪問したときの話です。ひたすら自社のことについて説明し、最後に「質問はございますか」と尋ねると、「ありません」と言われてしまいました。その後のトークの展開も思いつかず、商談は次に進むことなく終わってしまいました。

　極端な言い方ですが、顧客を訪問するときは自分がすべて説明するのではなく、「相手に考えを話してもらおう」という気持ちで臨むとうまくいきます。もちろん、時間を割いてもらっている以上、自社の商品説明をきちんとすることは大事です。しかし、**一方的にメリットばかりをまくしたて、マシンガンのように話し続けると相手はしらけた気持ちになって**しまいます。話を進めるときは、低姿勢で相手の話を聞くこと・質問することを意識しましょう。

◎ナラティブストーリーを活用しよう

　取引は、相手の悩みを解決する、課題を解決することで成り立ちます。「弊社のサービスには、こういう強みがありまして……」と淡々と情報を伝えるのではなく、相手の情報や悩み、意見を抽出して次の展開や提案につなげることが大事なのです

　そこで、「ナラティブ（narrative）」で伝えることを意識してみましょう。直訳すると「ものがたり」ですが、これは、**相手からの共感を引き出してこちらの思いを伝える手法**です。

　たとえば取引する商品をすでに購入している別の会社の成功事例をあげることで、「ウチの場合だったらどうだろう」と、相手がイメージを広げることができます。事例に共感できるところがあれば、「ウチも検討しようかな」という気持ちにさせることができ、興味を持ってもらうことができます。自社のアピールだけで終わらせないような工夫が必要です。

ナラティブストーリーを使うと共感が生まれる

ナラティブストーリーの例

たとえば、A社さまでは、営業マンが個別にスケジュール管理をされていました。

しかし、**弊社の営業管理システムソフトを導入したことで、営業の効率化につながった**そうです。

A社さまの営業部長からは、「営業担当全員の動きがわかるようになり、チームの効率化につながった。売り上げは120%になった」と聞いております。

今では、A社さま全体、全部署にこのシステムを導入していただいているんですよ

共感

なるほど…

たしかにウチも営業マンがバラバラに動いているのが、悩みなんだよな……

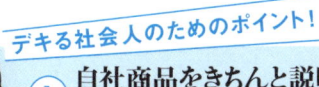

デキる社会人のためのポイント！

① 自社商品をきちんと説明することはもっともだが、一方的に話を進めないこともマナー。

② ナラティブストーリーを用いて、相手の共感を引き出そう！

● Chapter 3／デキる社会人のビジネスマナー②社外編

8 顧客訪問時のコツ③（訪問後）

◎訪問後のフォローは大事

　訪問後に社に戻ったら、すぐに**お礼メールを出す、場合によっては直筆で手紙を書いてお礼状を送るなどの対応**をします。

　また、業界情報や自社のサービス情報などは、逐一連絡をします。すぐに契約につながりそうにない取引先でも、**定期的に連絡をとり合うことで関係性をキープすること**ができます。

　情報共有の頻度が高まれば、必然的に関係性は高まっていくものですが、コミュニケーションを怠れば、相手との距離は縮まらないままです。結果的に、いつまでたっても自社商品を受注してもらえるレベルには達しません。せっかくの顧客訪問も、時間が経てばどこの会社の誰か忘れられてしまうことすらあります。

◎社内にきちんと情報共有を

　上司や先輩に同行してもらった場合も、そうでない場合も、**社内に情報を共有しておく**ことが大事です。とくに取引先からの帰り道では、どのように報告するかを考えておくのがいいでしょう。というのも、帰社したら「今日の訪問はどうだった？」と必ず聞かれますし、聞かれなくても自ら報告して次の営業につなげていく必要があるからです。移動中はビジネスパーソンにとって大事な時間です。常にメモ帳などを携帯し、内容を整理しておきましょう。

　また、次回のアポイントをどうやってとるかは、とくに新入社員時代には難しい課題です。取引先から「ぜひ改めて提案してください」とオファーがあれば話は早いですが、そうでないこともあります。話を次の段階に進めるにはどうすればいいか、戦略のアドバイスをもらいましょう。情報を共有することで、「次回のアポイントには、取引先のキーマンにも出席してもらって説得しよう」などの対策がとれるようになります。

訪問後のフォローが商品受注につながる

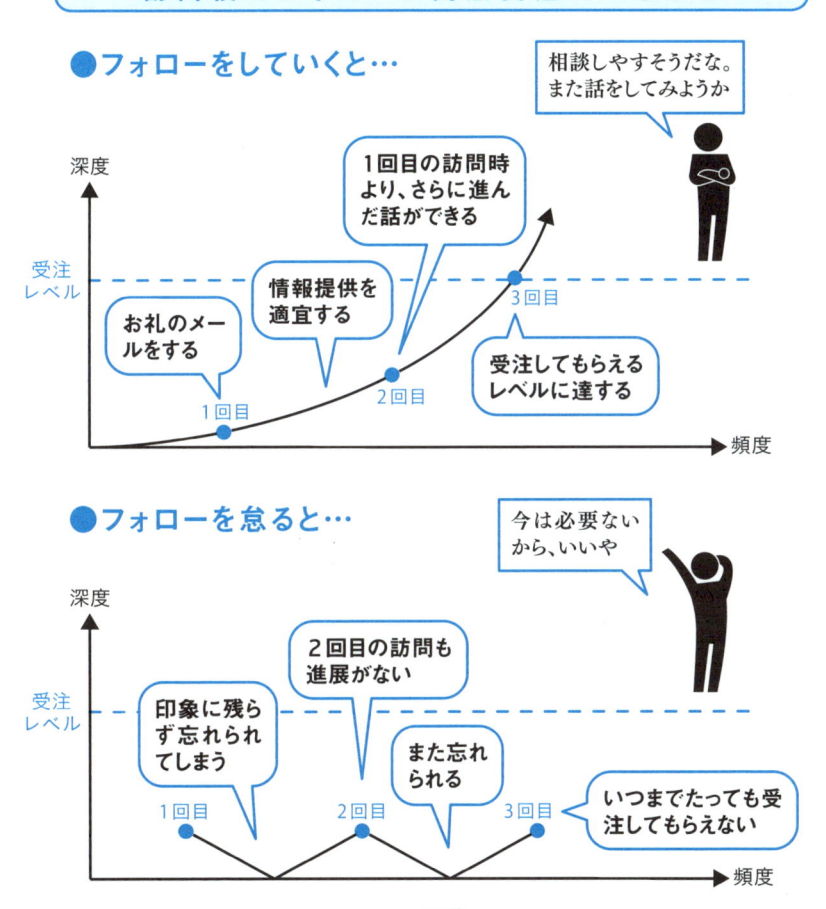

●フォローをしていくと…

相談しやすそうだな。また話をしてみようか

深度

受注レベル

- 1回目：お礼のメールをする
- 2回目：情報提供を適宜する
- 3回目：1回目の訪問時より、さらに進んだ話ができる

受注してもらえるレベルに達する

頻度

●フォローを怠ると…

今は必要ないから、いいや

深度

受注レベル

- 1回目：印象に残らず忘れられてしまう
- 2回目：2回目の訪問も進展がない
- 3回目：また忘れられる

いつまでたっても受注してもらえない

頻度

デキる社会人のためのポイント！

① 訪問後のフォローは、次に話をつなげるために欠かせない。

② きちんと報告をし、社内で情報共有をすること。

Chapter 3 顧客訪問

● Chapter 3／デキる社会人のビジネスマナー②社外編

9 新人は下座に座る

◎上座と下座を理解して積極的に動く

社外の人と応接室で打ち合わせをするとき、接待など飲み会の席に着くとき、上司や取引先とタクシーに乗り込むときなどで気をつけたいのは、「自分はどこに座るべきか」という席順です。

座る場所には上座と下座があります。上座とは、取引先など立場が上の人や目上の人が座る席、対して下座は、立場の低いほう、あるいは訪問した側が座る席です。

席順を知らないと、どこに座ればよいか戸惑ってしまううえ、**率先してドアを開け、取引先の人を案内するなどの気遣いができなく**なります。新人はとくに気遣いが求められます。席順がわからず、相手の指示を待つことにならないよう、積極的に動くようにしましょう。

◎基本パターンを知る

右図1は席順のパターンです。出入り口でドアの開閉をしやすい、また食事の席では注文をしやすい席が下座。また、出入り口から遠い席、理屈としては、相手が「一番快適に過ごせる席」が上座になります。

来訪者には、基本的に出入り口から遠い席（①、②）をすすめます。また、自分が訪問者の場合、とくに席を指定されなければ、下座（③、④）に座りましょう。応接室では、肘掛け椅子とソファーが置いてあるのが一般的ですが、ソファーが来客用と考えれば間違いありません。

次に上司との同行外出や、飲み会の行き帰りなど、ビジネスの現場でよく登場するタクシーにも席順があります（右図2）。タクシーは運転席の後部席が上座となり、助手席が下座です。3人で利用する場合、後部席の席順は、運転席の後ろが①、助手席の後ろが②、間の席が③という順になります。

席順のパターン

図1：来客時

ドア

新人は、取引先の退出時にすぐにドアを開けられる位置に座る、ということを意識しよう

図2：タクシー利用時

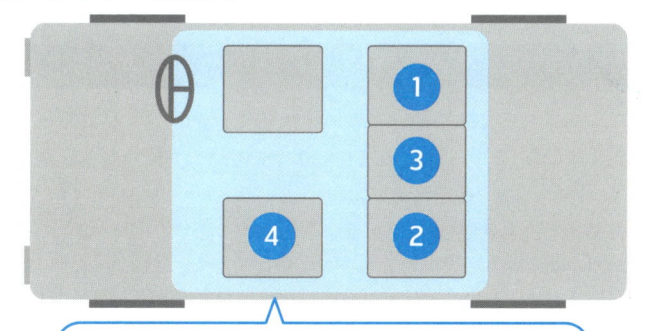

助手席に乗ることはもちろんのこと、相手が車に乗り込んだことを見届けてから自分も乗り込むようにしよう

Chapter 3 席順

デキる社会人のためのポイント！

① 席順を知って、相手への気遣いができるようになろう。

② 上座は「過ごしやすい席」、下座は「ドアを開け閉めしやすい席」と考えれば、戸惑うことはない。

● Chapter 3／デキる社会人のビジネスマナー②社外編

10 食事マナーと新人の気遣い

◎最低限の食事マナーを守る

　社会人になると、友人以外の人とも食事の機会が増えます。友人同士ではさして気にならないことかもしれませんが、箸の持ち方ひとつとっても、誤った食事のマナーをしていると、ビジネスでは支障を来すことがあります。

　音を立てて食べる、口にものを入れたまま話す、ヒジをついて食べるなどは、もってのほか。**粗雑な食べ方をしていると、仕事や対人コミュニケーションも雑にする人なのではないか、と思われてしまう**こともあるからです。最低限の食事マナーは守り、落ち着いてゆっくり食べることを心がけます。

◎新人としてやるべき気遣い

　その他、新人としての気遣いも求められます。まず、下座に座って、お店との橋渡し役になります。運ばれてきた水やおしぼりを配ったり、目上の人が見やすいようにメニューを開きます。

　注文も率先してとりまとめましょう。このとき、相手の嫌いなものを尋ねたり、お店のおすすめメニューをスタッフに確認したり、気遣いも欠かさないようにします。

　食事中は、食べることに夢中になりすぎてはいけません。そもそも、ビジネスにおける食事の機会は、**会議室や応接室ではできない会話をするために設け**られます。相手が話をしやすいように、食事のとり分け役は自分から買って出ましょう。万一、目上の方から食事をとり分けてもらったときは、食べたり飲んだりせずに、待機します。

　また、お店の人に対して敬意を払わない、自分たち以外のお店の客に不遜な態度をとるのは禁物です。同席している取引先、あるいは上司に低姿勢で接していても、まわりへの配慮を欠いては心証が悪くなります。

新人が気をつけたい食事の場でのNG集

NG 店員とのコンタクトを率先してとらない
注文するとき、水をもらうときなどは率先して声かけを

NG 食事のとり分けをしない
目上の人にしてもらったときは、食べるのをストップする

NG 食べることに夢中にならないこと
とくに相手の話は「聞いてますよ」という態度を示すことが大事

NG 空いた皿の片づけをしない
テーブルに空いた皿がいっぱいになったら、下げてもらうように店員に頼むなどの気遣いを

店員さ〜ん
上司 / 上司 / 取引先 / 新人
もぐもぐ

その他にも……

● 携帯や時計はチラチラと見ないこと！ → 一緒にいる相手に対して失礼。トイレで席を立ったときなどに確認しよう。

● 無理して食べないこと！ → 料理は残しても問題ない。かきこむようにして食べるのは品がない。

● 大皿から直箸（じかばし）でとらないこと！ → 相手に「直箸でもいいですか？」と確認すればOK。

デキる社会人のためのポイント！

① 食事のマナーが悪いと、「一緒に仕事をしたくない」と思われることもある。

② 率先して注文をするなど、新人は相手への気遣いを欠かさないようにしよう！

Chapter 3 食事

● Chapter 3／デキる社会人のビジネスマナー②社外編

11 食事中の談笑の仕方

◎会話することの大切さ

取引先の人と食事をするのは、相手との距離を縮めるためです。ですから、食事の席で何もしゃべらないというのは0点。大事なコミュニケーションの場であるのに、その目的を達成できていないからです。

目上の人との付き合いが慣れていない新人のうちは、敬語をうまく使えないなどのプレッシャーも相まって、取引先の人と何を話していいか戸惑うことがあります。しかし、相手のしている仕事内容を詳しく聞くことができるチャンスです。趣味やプライベートの話をすることで、ふだんは見られない相手の一面を見ることもできます。この機会を逃してはいけません。

◎話すのが苦手なら聞き役から

より有意義な食事会にするためには、事前に質問を準備しておくことも大切です。取引先企業のプロフィールや所属している業界についての知識はもちろんのこと、社会情勢などのニュースをまめにチェックしておきます。話題となっている事柄が相手企業にどんな影響を与えているか、生の声を聞くことができます。

どうしても話が苦手な場合は、**丁寧に話を聞くことから**始めましょう。相手が話をしやすいように、適度に相づちを打つことが大事。基本は「オウム返し」です。たとえば、「最近、うちの会社でも新しいシステムに切り替えたんですよ」と話をされたときに、ただうなずくだけではなく「そうですか～、新しいものにされたんですね」と、一言添えるだけでずいぶん印象は変わるはずです。また、「そうですよね」と共感の相づちを打つのもコツ。相手は「話を聞いてくれる人だ」と思うものです。

会話がとぎれるのを不安に思い、ソワソワとした態度でいては、相手も話しにくいもの。新人らしく明るく積極的にコミュニケーションをとりましょう。

接待フローと質問フレーズ例

フレーズ例

1 お礼を言う
- 「先日は、どうもありがとうございました」
- 「今日は、お時間をいただきありがとうございます」

2 軽いあいさつをする
- 「このあたりは、よく来られるんですか?」
- 「外食はよくされるんですか?」
- 「お酒はお強いんですか?」

3 相手の仕事の状況を話してもらう ← ココを盛り上げる
- 「たしかに、○○業界は不景気だっていいますね。御社には関連があるんですか?」
- 「ニュースになっている一件ですが、御社への影響はいかがですか?」
- 「最近、御社の取り組みはいかがですか?」

4 趣味、プライベートなことを話す ← ココを盛り上げる
- 「休日はいつも何をされているんですか?」
- 「ご結婚されているんですね。夫婦円満の秘訣ってありますか?」
- 「学生時代は、スポーツなどされていたんですか?」

5 散会
- 「今後とも、どうぞよろしくお願いいたします」

デキる社会人のためのポイント!

① 何も話さないのは、せっかくの食事の場がもったいない。

② 事前に何を話すか、質問するか、シミュレーションしておくのもよい。

● Chapter 3／デキる社会人のビジネスマナー②社外編

12 気をつけたいお酒のNG

◎お酒の場での気配り

　お酒が入ると、より親密にコミュニケーションがとれる利点があります。ですが、ビジネスでのお酒は、気持ちよく酔っぱらうためにあるものではないと心得ましょう。飲みすぎ相手に迷惑をかけるのはもってのほかで、新人にはまわりの人への気配りが求められます。

　目上の人の飲み物が少なくなっていたら、「おつぎしましょうか」と確認を入れ、つぎ足す気遣いをします。このとき、ビールは**ラベルを上向きに見せて両手で**つぎましょう。上司や先輩からついでもらうときも、「ありがとうございます」とお礼を言い、コップに両手を添えて受け取ります。つがれたお酒には、**一度口をつけるようにするのが礼儀**です。ただし、アルコールが苦手・飲めないという場合はきちんと断りましょう。どうしても乾杯のあいさつとともに飲まなければならないという場合は、グラスに一口分だけ注いでもらって飲むか、あるいは飲まずにテーブルに置いておいてかまいません。

　また、気をつけたいのはお酒をつぐ順番。役職の高い人から順につぐのが基本で、社外の人を差し置いて身内の上司にお酒をつぐということはあってはなりません。

◎気をつけたい振る舞い

　基本的に、過度に酔っぱらうのはNGです。自分のペースで飲むことが大事です。絶対にしてはいけないのは、酔いがまわって寝てしまうこと、また無礼講とはいえ軽口をたたいてしまうことです。

　これらの行為は、先輩や上司に多大な迷惑をかけてしまいます。飲み会の席での失敗は、「あんな新人がいるなんて、どんな会社なんだ」と、**会社そのものが低く見られて**しまいます。立場をわきまえて、振る舞うようにしましょう。

やってはいけない4つのNG行動

✕ 泥酔する

まわりは煩(わずら)わしさを感じる。本来なら、新人は周囲に気を配る役目。適量の飲酒を心がけよう。

✕ 寝る

話をしてくれている相手に失礼。取引先の前であれば、上司や先輩も、連れてくるのではなかったと後悔する。

✕ 無礼講

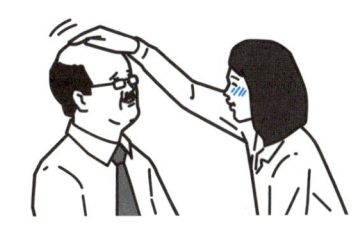

酒の席とはいえ、失言は意外と覚えられているもの。新人の振る舞いは上司の責任になるので、要注意。

✕ 態度が大きい

お酒で気が大きくなる人は、信頼性を失う。店員などへ横柄(おうへい)な態度をとるのもよくない。

デキる社会人のためのポイント!

① お酒はコミュニケーションの潤滑油(じゅんかつゆ)となるが、失敗も多いもの。

② 適量にすることを心がけ、会話を楽しむようにしよう!

● Chapter 3／デキる社会人のビジネスマナー②社外編

13 バーの使い方

◎かっこよくバーを使うために

　社会人になると、取引先の人に連れて行ってもらったり、職場の懇親会後の二次会で使用したりと、バーを使う機会も増えてくると思います。

　ダーツバーなどは「楽しんで騒ぐ」という形式でも問題ないと思いますが、基本的にバーはお酒をたくさん飲む場ではなく、コミュニケーションを楽しむ場です。**会話のサポート役としてお酒がある**、というイメージです。

　バーはそのときに訪れている客で、お店の雰囲気も変わってしまいます。たまに居酒屋のノリで騒ぎ、その場の雰囲気を台無しにしてしまう人を見かけますが、これはNG。連れて行ってもらった人に恥ずかしい思いをさせないためにも、今のうちから自分の制御の仕方を身につけておきましょう。

◎デキる人に見せるコツ

　メニューが置いてあるバーであれば問題ないですが、お店によってはメニューがない場合もあります。そのような状況で何を頼んだらいいかわからないときは、はっきりリクエストを伝えるのがコツです。

　たとえば「甘めでさっぱりしたもの、アルコールは軽めでお願いします」と言えば、それに合わせてお酒をつくってくれます。また、カクテルを注文する場合は「旬のフルーツって何ですか？　それを基本につくってください」と頼んでしまうのも一手です。

　また、バーテンダーが気さくで、客に話しかけてくれるお店もありますが、自分たちの他にも客がいるなかでは、ひとり占めしないように配慮しましょう。バーテンダーは、常にお店全体を見ている必要があるからです。

　お酒に詳しくなるのも学生とは違う社会人の楽しみ方の1つです。開店直後や客数が増える22〜23時前に訪れ、ゆっくりとお酒の話を聞いてみるのもいいでしょう。

仕事でバーを使うメリット

例 取引先とのコミュニケーションに活用する場合

STEP 1 出会う
お互い何も知らない状態。取引するには、まだ気が引ける

STEP 2 会社で話す
ビジネスコミュニケーションを交わす。取引のメリットなどを卓上で議論する

STEP 3 バーで話す
バーがお互いのパーソナリティを知るよい場所となる。ビジネスコミュニケーションでは探れない相手の懐（ふところ）を探ることができる

STEP 4 取引開始
信頼できる相手だと納得したうえで、ビジネスが始まる

デキる社会人のためのポイント！

① バーは語るところで、騒ぐところではないと認識しよう。

② 取引先などともコミュニケーションをとれる場所なので、使い方をマスターできると強みになる。

● Column ③

取引先でNGな
ビジネスマナーとは？

　入社してからしばらくは、マナーや基本動作など覚えることがたくさんあります。Chapter 3で紹介しきれなかった、新人によく見られるマナー・基本動作のNG例について紹介します。以下は、私も新人時代にやってしまった失敗です。

◎取引先へ資料を渡して、説明をするとき

　たまに、相手に差し出した資料の文章を自分のペン先でなぞりながら話を進める人がいます。これは、マナー違反とまではいいませんが、相手としては気持ちのよいものではありません。とくにそのペンが何かのキャラクターデザインのものである場合は、要注意です。ビジネスの現場においては適切ではなく、これから取引を進めていくうえでの信頼性を欠いてしまいます。

　資料の箇所を指し示したいときは、ペンではなく、指をそろえて指し示すのがいいでしょう。振る舞いがきれいに見え、丁寧な印象を相手に与えることができます。

◎取引先で出された飲み物を飲むとき

　取引先で出された飲み物にいつ口をつけるか、新人時代は戸惑うこともあるでしょう。せっかく出していただいたのに、まったく手をつけないというのはよくないですし、硬く緊張している印象を相手に与えます。反対に、緊張しているあまり、お茶を出された瞬間にすべてを飲みほしてしまうというのは、もっと気をつけてください。落ち着きがなく粗雑な印象を与えてしまいます。

　基本的には、相手に「どうぞ」とすすめられたら、遠慮なくいただきましょう。「頂戴いたします」「いただきます」と一言添えると、より丁寧です。

Chapter 4

デキる社会人のコミュニケーション①
同僚・上司編

Keyword

- [ ] コミュニケーションとは?
- [ ] ソウ・レン・ホウ
- [ ] 2・5・7のルール
- [ ] 客観的表現
- [ ] 話の聞き方
- [ ] 仕事の頼み方
- [ ] ポジティブシンキング

● Chapter 4／デキる社会人のコミュニケーション①同僚・上司編

1 コミュニケーションとは何か？

◎「伝える」と「伝わる」の違い

ビジネスにおいて、コミュニケーションのとり方は大事なスキルです。

そもそもコミュニケーションとは、人と人との間でやりとりが交わされた結果、**同じ情報を共有してはじめて成立した**といえます。口頭だけのやりとりでお互いの認識にズレが生じたのでは、「伝えた」かもしれませんが「伝わって」はいません。

たとえば会議に参加してほしい際に、「会議に参加してください」といっただけでは「伝わった」とはいえません。相手がその会議に参加して（もしくは参加できない意思表示を受けて）はじめて「コミュニケーションが成り立った」といえるのです。

◎「伝わる」までには3つのステップを踏む

きちんと相手に伝わった状態、つまりコミュニケーションを成立させるためには、次の3つのステップを踏むことが大切になります。

ステップ1：相手に伝える情報を整理する
ステップ2：伝えるべき内容を確実に相手に発信する
ステップ3：相手にきちんと伝わったかを確認する

なかでも、ステップ3は気を抜かずに実行しましょう。伝えたつもりが、「そんなの聞いてないけど？」といわれることもあります。

もちろん相手が悪い場合もありますが、発信したのはあくまで自分です。100％非がないことはあり得ません。「言った・言わない」がトラブルの原因となることも多々あります。投げたボールが相手のグローブのなかにあるかどうか、そこまで気を配ることがビジネスのコミュニケーションには重要になってくるのです。

コミュニケーションの成立と不成立

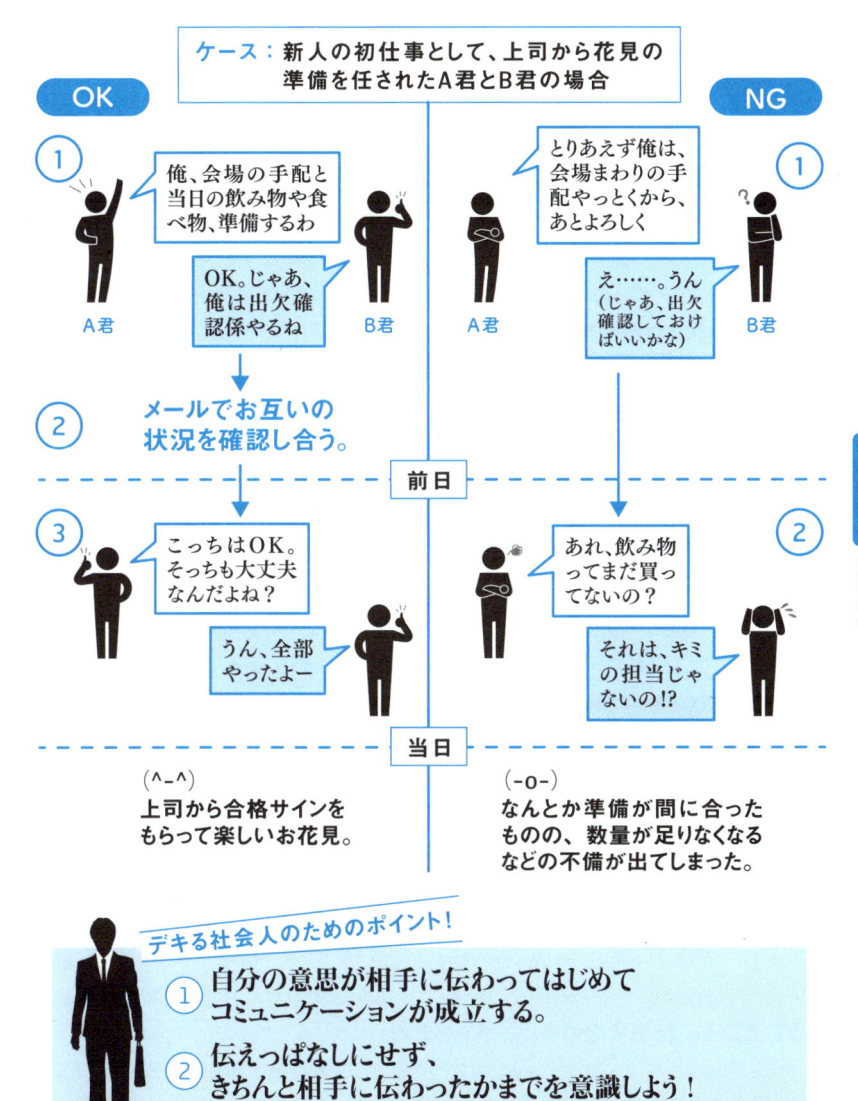

ケース：新人の初仕事として、上司から花見の準備を任されたA君とB君の場合

OK

① A君：俺、会場の手配と当日の飲み物や食べ物、準備するわ
B君：OK。じゃあ、俺は出欠確認係やるね

② メールでお互いの状況を確認し合う。

――― 前日 ―――

③ A君：こっちはOK。そっちも大丈夫なんだよね？
B君：うん、全部やったよー

――― 当日 ―――

(^_^)
上司から合格サインをもらって楽しいお花見。

NG

① A君：とりあえず俺は、会場まわりの手配やっとくから、あとよろしく
B君：え……。うん（じゃあ、出欠確認しておけばいいかな）

――― 前日 ―――

② A君：あれ、飲み物ってまだ買ってないの？
B君：それは、キミの担当じゃないの!?

――― 当日 ―――

(-o-)
なんとか準備が間に合ったものの、数量が足りなくなるなどの不備が出てしまった。

デキる社会人のためのポイント！

① 自分の意思が相手に伝わってはじめてコミュニケーションが成立する。

② 伝えっぱなしにせず、きちんと相手に伝わったかまでを意識しよう！

Chapter 4　基本のキ

● Chapter 4 ／デキる社会人のコミュニケーション①同僚・上司編

2 ソウ・レン・ホウの ルール

◎コミュニケーションの基本「報告」「連絡」「相談」

　ビジネスではよく、コミュニケーションの基本ルールは「ホウ・レン・ソウ」だ、といわれています。これは**報告、連絡、相談**を省略化した用語で、**仕事を円滑に進めるためには欠かせない要因**です。

　たとえば、ある顧客に対し、上司とともに売り込みをかける状況を想像してみましょう。あなたが顧客に対して商品資料を送付したことを上司に「報告」しなければ、上司は状況がわからず、同じことを繰り返すかもしれません。

　また、上司宛てにお客様から電話があったとき、その「連絡」をしなければ、後々クレームに発展することだってあります。そして、いざ売り込み、という段階になって上司に「相談」なく自分の考えだけでセールスした場合、会社から求められることとまったく別のことをしてしまうかもしれないのです。

　ビジネスコミュニケーションの基本は報告、連絡、相談であることを肝に銘じてください。これができないといつまでたっても仕事を任せてもらえません。

◎「ホウ・レン・ソウ」ではなく「ソウ・レン・ホウ」で

　上記を前提として、私は「ホウ・レン・ソウ」ではなく「ソウ・レン・ホウ」を意識すべきだと思っています。なぜなら、**「ホウ・レン・ソウ」は、実務の時系列に沿っていない**からです。とくに新人は、雑務ひとつとっても何から手をつけてよいかわからないことがあります。わからないまま自分の判断で進めてしまった「報告」では、手順が間違っていた場合、上司も困ってしまいます。まず「相談」（p.100）から始め、進行を逐一「連絡」（p.102）し、最後に「報告」（p.104）する、この順番で仕事を進めれば、**上司の意図とズレることなく、仕事を進める**ことができます。

　そしてもう1つ。「ソウ・レン・ホウ」は、しすぎて損することはありません。「些細なことだし……」とひるむことなくどんどん実行しましょう。

頻度と深度を意識する

ソウ・レン・ホウするときは、コミュニケーションの
頻度＝「毎日、もしくは毎週伝えるものか」or「月に1度程度、伝えるものか」
深度＝「端的に伝えるほうがいいか」or「事細かに伝えたほうがいいか」
を意識する。

新人のうちはとくに③と④が多いぞ

頻度

少

月1回以上レベル

①
- 月次会議での業務報告（進捗報告）
- 会社の備品購入相談

②
- 上司との面談
- 担当したプロジェクトの完了報告

毎日〜毎週レベル

③
- 取引先との日程調整連絡
- 電話の伝言
- 新しい仕事に取りかかるときの方針相談

④
- はじめて着手する仕事の相談
- 日報での報告
- 企画書の相談

多

浅 端的にサラッと伝える | しっかりと詳細まで話す **深**

深度

デキる社会人のためのポイント！

① 「報告」「連絡」「相談」は、ビジネスコミュニケーションの基本。

② 「相談」からスタートすれば、より周囲とのブレをなくすことができる。

● Chapter 4／デキる社会人のコミュニケーション①同僚・上司編

3　2・5・7のルール

◎1人ですべてを進めると失敗する

　仕事を進めるときには、「ソウ・レン・ホウ」が大切であることを前項で述べました。では、具体的にどの程度の進捗段階で上司に「ソウ・レン・ホウ」していけばいいのでしょうか。

　私が新入社員にも関わらず、上司のサポートで顧客向けの書類作成を頼まれたときのことです。はじめての大役に気合い十分で挑み、提出期限の最終日に自信満々で提出しました。ところが、上司からは「全然ダメ。やり直し！」と企画書をつき返されてしまったのです。そのときは書類に必要な項目がまったく入っていなかったこと、事前に相談しなかったことを指摘されました。

◎2割段階からコミュニケーションをとる

　なぜ、こういう事態を招いたのか、今ではその理由がよくわかります。

　ビジネスで必要なのは、1人で完璧に仕事を完遂することではなく、人を巻き込んで仕事を完了させることなのです。たしかに、極力、自分で頑張って完成度の高いモノをつくろうとする意気込みは大事です。しかし、経験が少ない新入社員ならば、上司の想定通りに業務を行うのは、まだ難しいはず。最初からやり直しとなり、期日に間に合わない状況に陥るのを防ぐためにも、まずは早い段階での「相談」が大事です。

　以来、私は「**2・5・7のルール**」と名づけた段取りを実行するようにしました。この数字は、**仕事を進める際のコミュニケーションを、2割・5割・7割のステップに分けて進める**というものです。

　仕事の状況が2割段階まで進んだら「こんな感じでいいですか？」と、まず、相手と方針がズレていないかを確認します。次に5割段階で進捗状況を共有し、7割段階で、場合によっては周囲に協力してもらって仕事を完成させる、というイメージで仕事を進めてみてください。

2・5・7を実践すればうまくいく

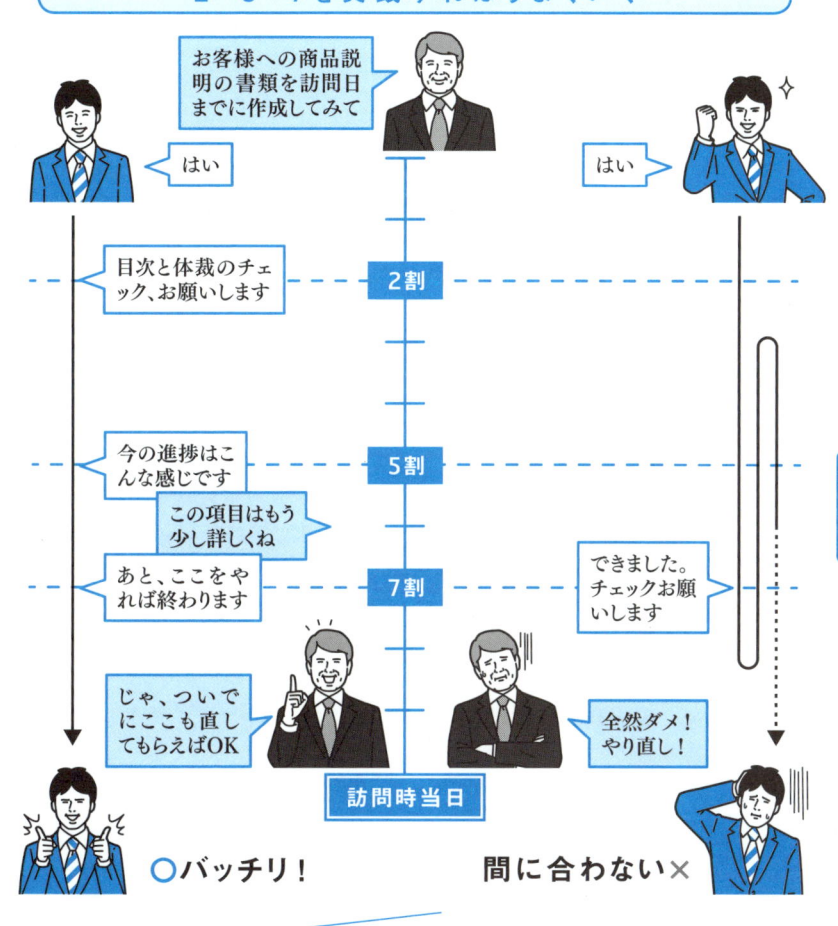

お客様への商品説明の書類を訪問日までに作成してみて

はい

はい

目次と体裁のチェック、お願いします

2割

今の進捗はこんな感じです

5割

この項目はもう少し詳しくね

あと、ここをやれば終わります

7割

できました。チェックお願いします

じゃ、ついでにここも直してもらえばOK

全然ダメ！やり直し！

訪問時当日

○バッチリ！　　　間に合わない×

デキる社会人のためのポイント！

① 仕事は1人でやるものではない。

② 周囲とのブレをなるべく少なくし、着実に仕事を完了させていくことが何より大事！

● Chapter 4／デキる社会人のコミュニケーション①同僚・上司編

4 相談の仕方

◎「丸投げ」は「怒ってください」といっているようなもの

わからないことを自分で勝手に判断して仕事を進めるのではなく、まず「相談」からスタートする、これはとても大事なことです。

ただし、相談するとき、自分の意見を一緒に述べなければ、「それまで私が教えなければいけないの？」と思われてしまいます。相談された相手にしてみれば、あなたの考えをまず聞いてみないことには何をアドバイスしていいのかがわかりません。

自分はどう考えているのか、何を教えてほしいのかを整理して相談相手に伝えなければ、**「相談」ではなく、いわば「丸投げされた」ように相手は感じて**しまいます。

◎自分の意見、選択肢を持とう

では、相談時には何に気をつければいいのでしょう。ポイントは２つ。

１つ目は、**必ず自分の意見を持って相手に臨む**ことです。間違っているか、正解かを気にする必要はありません。「私は○○と思うのですが、○○さんはどう思われますか？」という聞き方をすることで、相談した相手からもスムーズに答えを引き出せるでしょう。

２つ目は、**クローズドクエスチョンを活用する**ことです。クローズドクエスチョンとは、相手が"Yes"か"No"、または"A"か"B"で回答できる質問方法です。あらかじめ回答の選択肢を絞ることで、相手も「それは違う」、または「Aのほうがいい」と答えることができ、話を前進させやすくなります。

あなたは新人かもしれませんが、すでに会社の「戦力」です。誰かに答えをすべて教えてもらおうとするのではなく、自分の頭で考えて動いていかなければなりません。

デキる相談を目指そう

●NG例:「丸投げされた」と感じる相談

> うん。自分で頭を使おうね。やり直し

> 営業先に提出した見積りですが、「高い」といわれてしまいました。どうすればいいですか?

●OK例:意志をきちんと伝えたうえでの相談

> こやつ、デキる……

> 営業先に提出した見積りですが、あと○○円ほど安くできないか、と提案されました。
>
> 私としては、利益率が担保できないため、これ以上、価格を下げるのは難しいと思っています。
>
> しかし、今後の取引を考えるのであれば、今回のみ値引きを適応するという考え方もあります。
>
> 私は後者を選択したいですが、どうでしょうか?
>
> 必要であれば、再度見積りを作成いたします

デキる社会人のためのポイント!

① わからないことでも、まず自分の頭で考えてみること。

② 相談するときは、必ずその考えを一緒に伝えよう!

● Chapter 4／デキる社会人のコミュニケーション①同僚・上司編

5 連絡の仕方

◎連絡は迅速にすることが大事

　ある新入社員の話です。取引先から「○○の件で回答がほしい」という電話が入り、その新人はすぐに対応すべく上司に確認をとろうとしました。ところが上司は出張のため不在。「まあ出張だし、仕方ないか」と思い、翌日になって出張から戻った上司に確認をとりました。ところが、取引先から「いつまで待たせるつもりだ！」とクレームに発展し、上司が火消しに走る始末となってしまったのです。

　この場合、**迅速に上司に連絡をとる**、または「上司が不在のため、明日回答させていただいてもよろしいでしょうか？」と**取引先に取り急ぎの連絡を一言入れておく**ことで、事なきを得たはずです。

◎スムーズな連絡のポイント

　連絡とはすなわち、情報を関係者間で共有すること、会社によっては「連携」と呼ぶこともあります。連絡をとる際に注意したい点をあげておきましょう。

　先にも述べた通り、まずは**迅速にする**こと。関係者に共有すべき情報を自分が受信した場合はすぐに連絡し、関係者の確認がとれたかどうかまでをきちんと把握します。

　次に**連絡する順番を意識する**ことです。たとえば、社内で会議を実施するとき、参加が必須である関係者の予定を他の人よりも先に聞いておかないと、日程の調整がつかなくなることもあります。

　また、これは相談や報告にも共通することですが、「あの件ってどうなった？」と指摘されてから動くのでは、デキるビジネスパーソンとはいえません。「後でやっておこう」の精神は捨て、常に先手先手を意識して連絡の達人を目指してください。

早めの連絡は利益にも直結する

●NG例

「来期、新しいシステムを導入したいので、その企画案をいただけますか？」

「ハイッ！検討いたします！」

（この仕事が終わったら、考えようと後回し）

（お客様から「どうなったか」と催促の電話が）

（慌てて、上司へ相談するも、上司は予定が詰まっており訪問日の調整に難航）

「遅くなり申し訳ございません。先日の件ですが……」

「あ、その件なら、もう他社にお願いしましたので」

別の会社に仕事を持っていかれてしまった！

●OK例

「新しく発売する商品のコマーシャル案をいただけますか？」

「ハイッ！至急検討いたします！」

「よし！　企画開発部門に声かけが必要だ。○○と○○に連絡を！」

「これこれこういうわけで、先方より弊社から案を出してほしいと言われました」

日程調整をして後日、顧客にプレゼン。成功して受注につながった！

デキる社会人のためのポイント！

① 連絡すべきことは、自分で止めず、すぐにまわりに発信しよう！

② 自発的にコミュニケーションをとる姿勢と心がけが大切。

Chapter 4　連絡

● Chapter 4／デキる社会人のコミュニケーション①同僚・上司編

6 報告の仕方

◎悪いことほど早めの報告！

「嫌なことはあまり言いたくない」というのが人間の性です。しかしビジネスの世界では**悪いことほどすぐに報告**しなければ、さらに悪化してしまうことになります。

たとえば、あなたが取引先へ商品を納品したとき、注文された数より数量が１点少なかったとします。すぐに仕入先と連絡をとって、追加で納品することができたとしても、「事なきを得た」と思ってはいけません。起きた事実に対して上司への報告を怠れば、後日顧客から納品数が違っていたとクレームの電話が入ったときに、何も知らない上司は対応に困ってしまいます。

ビジネス上のトラブルは、**あなただけの問題ではなく会社の問題**です。顧客は、社員本人ではなく会社と取引をしているのです。たとえあなたしか関わっていないトラブルでも、上司は会社としての対応策を考える責務があるのです。嫌なことは口にしにくいものですが、できるだけ迅速に報告することを心がけましょう。

◎報告するときに気をつけること

上司や先輩に報告するときに、意識してほしいことがあります。それは、**結論から伝える**ことです。報告を受ける側の上司や先輩は、自分の仕事がある中で、時間を割いて聞いてくれています。端的に伝えなければ「で、何が言いたいの？」と思われるうえ、助言をする気もなくなるでしょう。

また、報告するときは常に**メモ帳を携帯する**ようにします。上司から「お客様に○○とすぐ電話を入れておいてくれ」と指示がきたらその場でメモをとるのです。言われた内容を忘れないためにも便利ですが、上司や先輩に**「きちんとやります！」と誠意をアピール**することになるでしょう。

トラブルほど、迅速に簡潔に伝えよう

●NG例

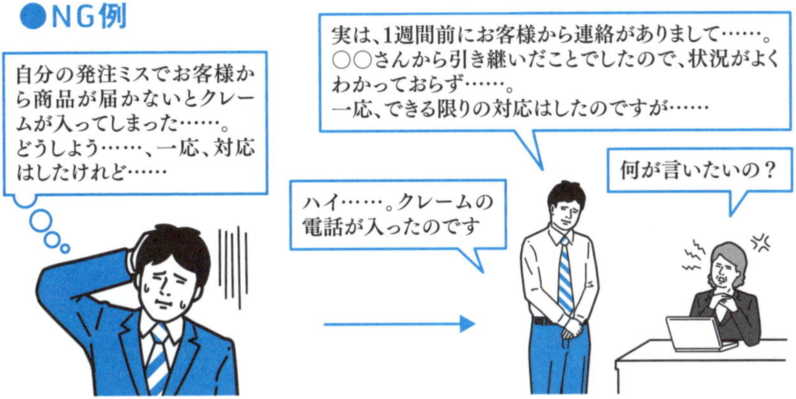

自分の発注ミスでお客様から商品が届かないとクレームが入ってしまった……。
どうしよう……、一応、対応はしたけれど……

ハイ……。クレームの電話が入ったのです

実は、1週間前にお客様から連絡がありまして……。
○○さんから引き継いだことでしたので、状況がよくわかっておらず……。
一応、できる限りの対応はしたのですが……

何が言いたいの？

●OK例

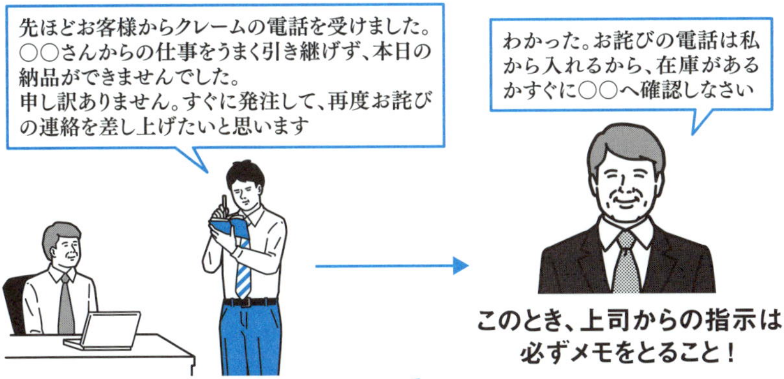

先ほどお客様からクレームの電話を受けました。
○○さんからの仕事をうまく引き継げず、本日の納品ができませんでした。
申し訳ありません。すぐに発注して、再度お詫びの連絡を差し上げたいと思います

わかった。お詫びの電話は私から入れるから、在庫があるかすぐに○○へ確認しなさい

このとき、上司からの指示は必ずメモをとること！

デキる社会人のためのポイント！

① ミスをしてしまったときほど、早めに報告をするのが鉄則！

② 報告するときは、なるべく簡潔に言いたいことを伝えること。

Chapter 4 報告

● Chapter 4／デキる社会人のコミュニケーション①同僚・上司編

7 コミュニケーション方法を正しく使い分ける

◎メールでのコミュニケーションは万能ではない

仕事は社内外を問わず、常に誰かとコミュニケーションをとりながら進めます。では、いつでも好きな方法でコミュニケーションをとってよいものでしょうか？ ビジネスの世界では"No"です。

たとえば、メールはいつでも受信・送信できるので、気軽に使えて便利です。ただし、あくまで文字・記号のやりとりなので、感情のやりとりには向いていません。金額交渉や謝罪などのように、感情のやりとりが決め手になる場面では、会ったり、電話したりしたほうが効果的です。

このように、**場面ごとにどの方法が一番有益なのかを考えて、コミュニケーションのとり方を選ぶ**ことが大切です。

◎コミュニケーション方法を使い分けよう

本書では、ビジネスシーンで頻度の多い「電話」「メール」「対面」という3つのコミュニケーションについて、有効な使い方を見ていきます。

電話は、**相手と直接会えないとき、すぐに連絡をとりたいとき、感情表現も含めて連絡したいとき**に活用しましょう。具体的には、お礼を述べる、資料送付の連絡、金額交渉などの場面です。

メールは、**相手と共通認識を持ちたいとき**に使いましょう。送信してから相手に電話して情報共有を迅速にする、という合わせ技はとても有効です。ただし、議論や深いコミュニケーションにはまったく向きません。

対面とは、会議や打ち合わせなどのことです。その場で相手の表情を見ながら意見交換ができるので、**議論したいとき、合意をとりつけたいとき、情報を共有したいとき**に有効です。

伝える目的や内容に合わせて、正しく方法を取捨選択し、ときには組み合わせながらコミュニケーションをとるようにしましょう。

電話、メール、対面の効果と注意点

●電話

「ありがとうございます!」
「がんばります!」

効果
- 気持ちを伝えられる
- すぐに連絡がとれる

注意点
- 認識がずれる可能性がある
- 電話する時間帯に気をつける

●メール

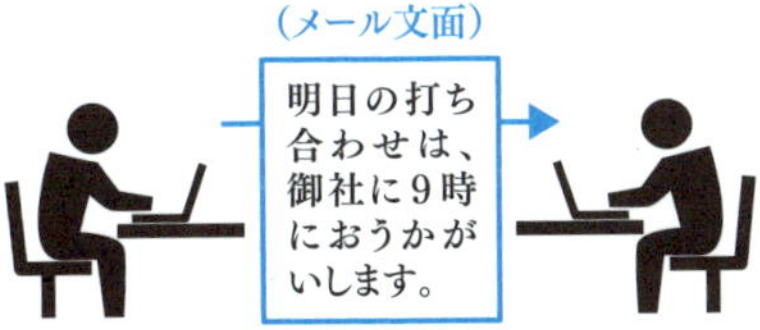

(メール文面)
明日の打ち合わせは、御社に9時におうかがいします。

効果
- 認識がずれにくい
- 意見を整理して伝えやすい

注意点
- 相手がすぐ見るとは限らない
- 感情は伝わりにくい

●対面

「……はいかがでしょうか?」
「いいですね!」

効果
- 表情を見ながら意見交換、合意形成、情報共有ができる

注意点
- 話す内容・時間を決めておかないとダラダラと時間を浪費してしまう

デキる社会人のためのポイント!

① 各コミュニケーション方法の効果と注意点を知っておく。

② 場面ごとに、適切なコミュニケーション方法を選ぼう!

Chapter 4 コミュニケーションの使い分け

● Chapter 4／デキる社会人のコミュニケーション①同僚・上司編

8 客観的表現で納得させ、説得する

◎主観だけの意見では、相手は納得しない

仕事を成功させるためには、自分の意見・情熱を持つことが大切ですが、それだけではうまくいきません。

たとえば、新人が上司に報告する場面を考えてください。「私の担当顧客は、次年度も再受注できる傾向です。市場もやや復活しているような感覚があり、営業目標は達成できると思います」と説明しました。ところが上司から、「それはキミの主観でしょ。裏付けデータはあるの？」と一喝されてしまいました。このように報告する際は、「傾向」「感覚」といった言葉は使用しないほうがいいのです。**主観的な報告は説得力がなく、相手に納得してもらえない**からです。

◎「お・す・い」を活用し、客観性を持たせよう

自分の意見を主張して同意を得たり、説得したりするには、その意見の正当性を示す根拠が必要になります。そこで大切なのが**客観性**です。

自分の意見に客観性を持たせるテクニックとして、「**お・す・いのルール**」を活用してみましょう。

お＝起こったこと：例「Aさんが遅刻した」など。

す＝数字：例「市場規模が前年度比110％」など。

い＝言ったこと：例「お客様が"次年度も御社にお願いするよ"と言った」など。

この3つのうちのいずれかを含めると、客観的な表現、誰が聞いても認識がブレない表現になります。「目標を絶対に達成します！」という情熱は、とても大事です。その情熱を他者に伝えるためにも、「お客様からこういう声をいただいています」「既存の顧客A社からの売上見込み○円に加え、新規開拓中のB社から○円の見込みがあります」といった客観的な表現を活用して、あなたの発言の説得力を高めていきましょう。

お・す・いのルールの活用例

●お＝起こったこと

お

× Aさんは、だらしがない人だ

○ Aさんは、毎朝遅刻している

→ 「毎朝遅刻」という具体的な出来事を述べることで、Aさんのだらしなさが想像しやすい。

●す＝数字

す

× この商品は、昨年より売れていない

○ この商品の売上は、昨年比の60％だ

→ 過去や他社との比較、金額など、具体的な数字を用いることで、説得力が上がる。

●い＝言ったこと

い

× お客様に購入してもらえそうだ

○ お客様が「御社から購入する予定だよ」と言ってくれた

→ ×例では本人の希望的観測に聞こえてしまいがちだが、第三者の発言を用いることで、真実味が増す。

デキる社会人のためのポイント！

① 自分の意見を伝えるためには、客観性が大事！

② お・す・いのルールで客観性を持たせよう！

● Chapter 4／デキる社会人のコミュニケーション①同僚・上司編

9 コミュニケーションは聞く側が空気をつくる

◎聞く側が無反応だと、重い空間になる

あなたが学生だった頃、一生懸命に話をしても相手はうなずくことなく、重苦しさを感じた経験はありませんでしたか？　ビジネスにおいてもそういった場面に出会う可能性は十分にあります。

話す側がしっかり話をしていても、聞く側が無反応に近い状態であれば、その場の空気はとても重々しいものになってしまいます。反対に、聞く側が「しっかり聞いています」「とても共感しています」という態度を示せば、その空間は快適なものになるでしょう。つまり、**コミュニケーションが心地よいものであるかどうかは、聞く側の姿勢にかかっている**のです。

◎聞く際の3つのポイント

相手がより話しやすくなるための話の聞き方として、私が会議や商談で実践し、効果を実感している3つのテクニックを紹介します。

①体全体でうなずく
体全体で相手の発言に反応することで、相手は「しっかり聞いてくれている！」という印象を持ちます。

②相手と同じポーズをとる
ミラーリングと呼ばれる技法で、相手が机の上で手を重ねていれば自分も手を重ねるなど、さりげなく相手のポーズを真似ると、2人の間に自然と親近感が生まれます。

③相手の話し方・声のトーン・スピードと自分の調子を合わせる
ペーシングという技法で、これも相手に親近感を与えることができます。

これらのテクニックに加えて相づちなどを織りまぜながら聞くと、さらに効果的。この場面は自分は聞いていればよいと、話し手にすべてを任せるのではなく、常にその空間を心地よいものにするための意識・態度をとりましょう。

> 好感度を上げる聞き方のコツ

●相手と同じポーズをとる（ミラーリング）

〜なんですよ

それは……ということですね？

相手のポーズをさりげなく真似ることで、自然と親近感が生まれる

●相手の話し方・声のトーン・スピードと合わせる（ペーシング）

この件はですねっ、こういう方向でお願いしたくっ……

はいっ、わかりましたっ！

同じ気持ちで空間を共有できているという認識が生まれ、親近感につながる

Chapter 4 聞き方

> デキる社会人のためのポイント！

① コミュニケーションの空気は聞く側の**姿勢次第**。

② 話し手への**共感**を示すリアクションをとろう！

● Chapter 4／デキる社会人のコミュニケーション①同僚・上司編

10 気持ちよく手伝ってもらう頼み方

◎頼み方ひとつで仕事の早さや成果が変わる

　日々の仕事のなかで、1人ではこなせない量の作業が発生したり、他の人のスキルがないと達成できない仕事が生じたりと、誰かの協力を仰ぎたくなる場面が必ず出てきます。

　人に手伝いをお願いするときの「頼み方」はとても重要です。頼み方が悪いと後回しにされてしまったり、適当にされてしまって結局自分が苦労したり……、お願いの仕方によってはその場で断られてしまうかもしれません。**仕事の早さや成果が、頼み方ひとつで大きく変わってくる**のです。

◎気持ちよく手伝ってもらうために

　では、人に手伝いを頼むときのポイントは何でしょうか？

　何よりも大切なのは、**手伝わせてしまって申し訳ないという姿勢をきちんと示す**ことです。そのうえで、**言うべきことはきちんと言いましょう。** 自分がどうしたいのか、具体的にどのような協力を得たいのかをはっきり伝えてください。緊急でお願いした場合は、「今後、こういうことがないように気をつけます」と反省の意を添えると、なおよいでしょう。

　また、「今度、ランチでお礼させてください」「Aさんが困ったときはすぐ協力します」など、**相手へお礼したい意思やメリットをきちんと伝えること**も大事なことです。

　さらに、「書類作成プロであるBさんの、作業の速さがどうしても必要なんです！」と、なぜお願いしたいのかという**理由や期待も添えて伝える**のも一手です。

　頼みたい仕事内容や相手に応じて、どうすれば気持ちよく手伝ってもらえるかを考え、上手に協力を依頼できるようになりましょう。

気持ちよく人に仕事を頼む3ステップ

急な仕事の発生
取引先C社からデザイン見本つき広告企画書のリクエストがあった

STEP 1
言うべきことはきちんと言う

> 今日中にC社へ企画書を提案しなければならず、Dさんにお手伝いいただきたいのですが……

STEP 2
依頼内容を具体的に伝える

> 簡単なデザインイメージだけでOKです。アピールポイントは口頭でおうかがいしたものを、私が文章にまとめます

STEP 3
頼んだ理由や期待も添える

> Dさんのデザイン能力は先方でも評価が高くて、Dさんのデザインがあると、その後の交渉がしやすいんです

引き受けてもらえた！

> 仕方ない、やってあげるよ！

Chapter 4 頼み方

デキる社会人のためのポイント！

① 頼み方次第で、仕事の早さと成果が変わる。

② 気持ちよく手伝ってもらうための頼み方を心がけよう！

● Chapter 4／デキる社会人のコミュニケーション①同僚・上司編

11 ネガティブワードより ポジティブワードを使う

◎否定な言葉はモチベーションが下がるだけ

　新入社員の頃は何もかもはじめての体験ばかりで、ストレスもたまりやすい時期です。かくいう私も、学生時代は泣くことなどほとんどなかったのに、人目もはばからず電話越しで泣いたり、居酒屋で友人に仕事の愚痴をこぼしたりしたこともありました。

　けれども、愚痴をこぼすほど、**否定的な思いをはき出すほど、モチベーションは下がっていくばかり**です。よい言葉にしろ悪い言葉にしろ、思いは言葉にすると、自然と自分をそういう方向に持っていってしまうのです。

◎意識的にポジティブワードを使う

　落ち込むことや嫌になることは、誰にでもあります。しかし、「どうせ俺は新入社員だし」「私、消極的だし」「会社のココがイヤだ」などと**ネガティブワードを使わずに、表現を変えて発想や会話してみる**ように心がけてみましょう。

　たとえば、「新入社員だし」→「新入社員なりのやり方がある！」、「消極的だし」→「冷静に物事を見ている」と、ポジティブな発想に書き換えていきます。会話についても、「会社のココがイヤだ」と言わずに、「こうしたらもっとおもしろくなるよね」と、周囲に問いかけてみるのです。

　ついネガティブな表現が出てしまうと思ったら、自分が**よく考える言葉・話す言葉を書き出し、ポジティブな表現に変換**してみましょう。これは**ロンダリング**といって、自分の思考・発言習性を書き換える技法です。

　わずかな成果でも自分や周囲をほめたり、結果だけでなくプロセスも評価したりすることがおすすめです。ポジティブな発想・発言が、あなたを自然とポジティブな人間にし、周囲にも前向きな空気を生み出します。

ロンダリングを実践してみよう

ネガティブワード 1
課長からいつも頼まれる資料整理が面倒くさい……

→ 変換 →

ポジティブワード
認められている証拠だ！きっちりこなしてもっと大きな仕事を任されるようになろう！

ネガティブワード 2
毎日、残業ばかりで疲れた……

→ 変換 →

ポジティブワード
俺、けっこう頑張っているじゃん！

ネガティブワード 3
こんな自分は成長できているのかな……

→ 変換 →

ポジティブワード
学生の頃に比べたらかなり仕事を覚えている！

自分がよく考える・話すネガティブワードを書き出し、それぞれポジティブな表現に変換してみよう。
自分の思考・発言習性をポジティブに変えていく、1つの方法だ。

Chapter 4　前向き思考

デキる社会人のためのポイント！

① ネガティブワードは、自分を悪い方向へ連れていく。

② ロンダリングでポジティブワードに変換しよう！

● Column④

コミュニケーションタイプを知ってコミュニケーションをとる

　仕事を円滑に進めるためには、相手の性格に合わせたコミュニケーションをとることが欠かせません。「Aさんはああいう人だから何を言っても聞かないよ」と、あきらめてしまうとビジネスの範囲を自ら狭めてしまうことになります。

　コミュニケーションをとる際の参考として、**コミュニケーションタイプ**（特性）を4つに分類したマトリクス（下図）を作成してみました。周囲の人のタイプを把握し、それぞれに合わせた対処法があることを理解しておいてください。

	協調・サポーター派（A）	
考えるよりもまず行動派（C）	**A×Cタイプ** 〈特徴〉 ●人間関係や周囲からの評価に敏感 〈対処法〉 ●結論を先に、そして明確に伝える ●「〇〇さんのこと、××さんがすごいって言ってましたよ」など、ポジティブにほめる	**A×Dタイプ** 〈特徴〉 ●丁寧・慎重に物事を進めたい ●リスクを恐れる 〈対処法〉 ●すぐに結論を求めない ●相談時は「こういう懸念がありますが、こうやって解決できます」と、事前に対応策を明示する
	B×Cタイプ 〈特徴〉 ●積極的に発言・行動する ●「とにかくやろう」と、後先を考えずに前に前に進もうとする 〈対処法〉 ●積極性ゆえの行動を否定しない ●仕事を着手する際には必ず全体像や仕事の流れを確認したうえで進める	**B×Dタイプ** 〈特徴〉 ●仕事の状況を常に把握しておきたい ●自分のなかですべての段取りを考えたうえで、仕事を振り分け、進めようとする 〈対処法〉 ●相談時は文面（書類やEメール）も利用し、論理的に説明するように心がける ●相手よりも自分が目立とうとしない。「あなたのサポートを全力でやります」と、相手を立てる
	独立・リーダーシップ派（B）	行動する前にしっかり考える派（D）

Chapter 5

デキる社会人のコミュニケーション②
会議&プレゼン編

Keyword

- ☐ 会議
- ☐ クリアな意見表示
- ☐ 説得術
- ☐ 上手な断り方
- ☐ プレゼンテーション

● Chapter 5／デキる社会人のコミュニケーション②会議＆プレゼン編

1 会議に出るからには必ず発言する

◎発言しない会議は0点！

　私が社内の会議に、はじめて参加したときのことです。新人としてとりあえず会議の流れや雰囲気をつかんだほうがよいと思い、私は聞く側にまわり、発言しませんでした。すると会議が終わったあとで先輩に、「なぜ、何も発言しなかったんだ？　0点だぞ！」と厳しい注意を受けたのです。

　なぜ、先輩は0点だと言ったのでしょう？　**会議とは、顔を合わせて情報を共有したり議論したりするための場**です。**その場で何も発言しないのは、参加していないのと同じ**だからです。発言しない（できない）なら、最初から参加せず、別の仕事をやっていたほうがよいかもしれません。

◎とにかく発言することを目標に会議に参加する

　会議に参加して0点にならないために、3つのポイントを紹介します。

　1つ目は、**議題に対する準備を整えておくこと**です。事前に議題の内容を理解しているか自分自身で確認し、会議の場で報告すべきことはないかなどを整理しておきましょう。

　2つ目は、**必ず発言すること**。「何か質問・意見はありませんか？」と促された場合以外でも、きっかけを見つけて発言する積極性が大切です。参加者の話を聞きながら、多少見当外れな意見になっても自分なりの疑問点などを常に発してみましょう。

　3つ目は、**会議を実施するための準備や片づけを積極的に引き受けること**です。新人のうちは担当する仕事が少ないため、会議での発言機会も少なくなるものです。その分は会議室の予約や必要な資料の印刷、お茶の用意、議事録の作成、会議後の片づけなどを担当して、些細なことでも会議の役に立とうと心がけます。どうすれば自分が利益の創出に貢献できるかを考え、積極的に行動していきましょう。

会議の目的は報告・共有と議論の2パターン

① 報告・共有するための会議

●**進み具合の報告**
「A社への企画提案は担当者レベルで合意がとれて、先方の決済を待っている状況です」など

●**完了・成果の報告**
「当社の新商品PRイベントは10月21日に終了し、500人の来場者がありました」など

〜なので、今後はこうします

了解！

情報の共有・合意の形成をはかれる

② 議論をする場としての会議

●**アイデア出し**
「来春に向けた新商品について、何かアイデアはありませんか？」など

●**問題解決**
「先月開始の新サービスの売上がよくありません。何か打開策はありませんか？」など

〜について、アイデアは？

〜とするのはどうでしょう？

意見を出し合い、議論ができる

デキる社会人のためのポイント！

① 事前に議題を把握し、会議ではとにかく発言しよう！

② 発言数が少ない分は、他の方法で貢献する心がけも大切。

Chapter 5 会議

● Chapter 5／デキる社会人のコミュニケーション②会議&プレゼン編

2 クリアな意見表示をする

◎相手をイライラさせる話し方

　上司へのソウ・レン・ホウ（p.96）や顧客との商談など、ビジネスの場では**はっきりと意見を表示する**ことが求められます。
　たとえば、「あのぉ、課長……、先日頼まれた調査データの件でいくつか確認したいんですけど……」と話しかけた場合は、どうでしょうか？　ウジウジした口調で、印象がよくありません。「いくつか」という発言も問題です。上司はどれくらいの時間が必要なのかが読めず、今すぐ対応できるか判断できません。どちらも相手をイライラさせてしまう要因です。

◎はっきりと意見表示するためのテクニック

　相手にはっきりと意見を伝えるため、ハキハキと話すと同時に以下のポイントを活用してみましょう。
　1つ目は、**伝えたいことが複数あるときは、最初に何点あるのかを明確にしてから話す**ことです。最初に「3点、ご報告があります」と言うことで、相手も聞くのに必要な時間が推測でき、心構えができます。
　2つ目は、**結論を先に話し、背景・理由を後に話す**ことです。あなたの意見とその根拠が明確に伝わるので、相手も"Yes"か"No"か、もしくは別の意見かなど、回答しやすくなります。
　3つ目に、自分はどうしたいのか、何を求めているかを伝えることです。たとえば、上司に「クライアントから見積りが高いと言われました」と伝えるのではなく、「見積りが高いと言われたので、少し値段を下げて受注したいのですが、よろしいでしょうか？」と伝えてみましょう。上司は「値下げの許可がほしいんだな」と、すぐにあなたの意見をくみとれます。
　円滑なコミュニケーションにつなげるために、この3つのポイントを押さえたうえでテンポよく話し、意見を明確に伝えるよう心がけましょう。

意見表示の仕方

① 何を話すかを明確に伝える

例 課長、A社に提示した見積りについて、1つご相談したいことがあります

③ 自分の意見・希望を伝える

例 特別値引きという名目で提示し、受注を優先したいです

② 結論を先に、背景の理由を後に話す

結論 **値下げしても受注したい！**

- 背景 例 150万円と提示したところ、120万円にできないかと打診されました
- 理由 例 利益は十分確保でき、今月の売上目標も達成できます

デキる社会人のためのポイント！

① クリアな意見表示でよいコミュニケーションにつなげよう！

② ハキハキした話し方＋適切な話の筋立て＝クリアな意見表示。

● Chapter 5／デキる社会人のコミュニケーション②会議＆プレゼン編

3 人を説得するときのコツ

◎説得はとても根気がいること

　顧客に商品やサービスを購入してもらいたいときはもちろんのこと、社においても、たとえば決定権を持ったキーマンを打ち合わせに参加させたいとき、他の部署になんらかの協力を仰ぐときなど、ビジネスでは説得力が問われる場面が数多く訪れます。

　とくになかなか"Yes"と言わない人を説得するのは、とても根気がいることです。私自身、新人時代から現在まで説得に苦労した場面がいくつもありましたが、**自分なりの説得パターンを見つけたことで、成功率は格段に上がり**ました。

◎人を説得するときの言い回しパターン

　人を説得するときに有効な言い回しについて、5つのパターンと具体例を紹介します。若者を対象とした商品のPRイベントへ大学生を誘致する例で見てみましょう。

①希少性から説得：（例）こんなイベント、めったにありませんよ！

②返報性から説得：（例）参加いただけましたら、上場企業A社の人事担当者や学生団体のリーダーを紹介します。

③社会的証明をもとに説得：（例）メディア（4月20日付の○○新聞で、など具体性があるとなおよい）でも取り上げられたことがあるイベントで、社会的にも注目されているんです。

④実績から説得：（例）○○さんと同じ大学の人も、50人参加していますから。

⑤協力の依頼で説得：（例）○○さんの協力があれば、うまくいきます。

　この5つはあくまで私がよく使うパターンで、こうすれば絶対に人を説得できるという必勝方法はありません。最初は、**相手が説得に応じてくれない理由**を探ってみましょう。きっと、どうアプローチすべきかというヒントが見えてくるはずです。

説得の言い回しパターンはさまざま

① 希少性

この商品は弊社でしか扱っていません!

→ 希少価値をアピールして、商品購入につなげる。

③ 社会的証明

A新聞の調査で、安全性第1位に選ばれた商品なんです

→ メディアの信頼性を利用して商品購入につなげる。

⑤ 協力依頼

御社の商品企画力と弊社の営業力がタッグを組めば、お互いの売上がさらに上がると思うんです

→ 依頼する理由を明確にし、協力してもらう。

② 返報性

次回、社長にもご同席いただければ、御社の商品購入も検討させていただきます

→ 見返りを提示することで、決定権を持つキーマンに同席してもらう。

④ 実績

すでに今年で発売から10年目を迎える人気商品で、年々売り上げが伸びているんです

→ ニーズがあることを実績で示し、商品への購入意欲を促す。

わかりました!お願いします

デキる社会人のためのポイント!

① さまざまな言い回しを駆使して、根気よく説得しよう!

② 説得に応じない理由を探り、アプローチ方法を考えよう!

● Chapter 5／デキる社会人のコミュニケーション②会議＆プレゼン編

4 正しい"No"の伝え方

◎"No"と言うべきときには"No"と言う

　新人のうちは、上司や先輩の指示を素直に聞く姿勢が大切です。また、顧客からの要求は、たとえ無理難題とわかっていても断りにくいでしょう。ただし、**立場が上の人にも、しっかり"No"と伝えるべき場面**があります。

　たとえば、すでに手いっぱいのときに、上司から新しい業務を頼まれたとしましょう。責任を持ってやれる自信や根拠がないのに引き受けてしまうと、ミスや納期の遅れなどにつながってしまうかもしれません。こういった場面などで、**上手に"No"と伝えるのもビジネススキルの１つ**です。

◎"Yes, but..."で、いったん受け止めてから断る

　上手に"No"を伝えるためのポイントは、断る理由をはっきりさせ、相手を不快な思いにさせないことです。

　そこで、**"Yes, but..."という伝え方**を実践してみましょう。たとえば、「はい、ぜひやりたいのですが、Ａ社向け企画書と会議資料の作成を○日までにしなければならないので、対応が難しいかもしれません」といったように伝えます。いったん"Yes"で受け止め、徐々に"No"である旨をやんわり伝えることで、相手を不快な思いにさせずに自分の意見を伝えられます。

　また、対顧客などの場合、**新人ゆえの無力さを理由に"No"と伝える方法**もあります。たとえば、「他社さんはもっと安いから値下げして」と言われたとします。これ以上の値下げは無理だとわかっていたとしても、その場は「わかりました。なんとかできるよう一度社内に持ち帰って検討させていただきます」とします。その後、「私も努力したのですが、残念ながら……」と回答するのです。これで、顧客の無理な要望に簡単に応じないですむうえ、対応に努力した自分もアピールできます。新人のうちは勇気がいるかもしれませんが、必要なスキルだと考え、相手を不快にさせない"No"の伝え方を身につけましょう。

相手を不快にさせない"No"の言い方

顧客の要望
他社だともっと安いから、値下げしてもらえない?

●NG例 "No…"

無理です、できません

→ できない理由がわからず、納得できない。やる気がないようにも見えてしまう。

●GOOD例 "Yes, but…"

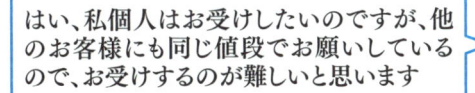

はい、私個人はお受けしたいのですが、他のお客様にも同じ値段でお願いしているので、お受けするのが難しいと思います

→ いったん相手の意見を受け止めたあとで、理由を説明しているので、相手も納得しやすい。

●GREAT例 "Yes, and…"

はい、だからこそ弊社には他社にないこんなオプションもあるんですよ

→ いったん相手の意見を受け止めたうえで、要望を断りつつ、アピールにつなげている。

デキる社会人のためのポイント!

① 上手に"No"と伝えるのはビジネススキルの1つ。

② 相手を不快にさせない断り方を心がけよう!

● Chapter 5／デキる社会人のコミュニケーション②会議＆プレゼン編

5 プレゼンテーションの基本①
五感活用の法則

◎ただ淡々と述べるだけでは共感を得られない

　プレゼンテーション（以下、プレゼン）は、こちらの提案を相手に伝えて説得し、受け入れてもらうためのものです。資料もなく1対1で行うものから、大きな会議室に関係者を一堂に集めプロジェクターなどを駆使して説明するものまで、幅広いプレゼンが存在します。

　どのような形式にせよ、わかりやすく、理路整然と論旨をまとめて説明することが基本です。ただし、**ただ淡々と述べただけでは、相手の共感を得られにくい**でしょう。プレゼンを成功させる秘訣は、相手の共感を得ることから始まります。

◎五感に訴え、魅力を具体的に想像させる

　では、相手に共感してもらうには、どのようなプレゼンをすればよいのでしょうか？　いくつかあるコツの1つとして、**相手の五感に訴える発信の仕方をする**ことがあります。

　たとえば、新商品のカフェラテのおいしさを伝えたいとします。単純に「おいしいカフェラテ」と言っただけでは、どうおいしいのか、他社の商品とどう違うのかなどがわからず、いまいち魅力が伝わりません。

　そこで、味覚、触覚、視覚、聴覚、嗅覚という5つの感覚に訴える表現を使ってみましょう。たとえば、「やさしく太陽の光がふりそそぐなか（視覚）、ボサノヴァの音楽に合わせて（聴覚）味わいたい、ほんのりシナモンパウダーのかかった（味覚・嗅覚）カフェラテ」と表現します。おいしいという言葉は使っていませんが、商品の味わいや品格が想像できますね。

　事実を正確に伝えることも大事ですが、提案内容の魅力を伝えるときに、このように五感に訴え、**心から相手から共感してもらえる表現**を心がけてみましょう。

五感に訴える表現で商品の魅力を伝える

●NG例：淡々と事実を述べた場合

> このエアコンは○○という新技術を使っていまして、気流をすばやく送り込むので、部屋がすぐに暖まりますよ

> どんな新技術？どのくらい暖まるのかな？

相手の知らない専門用語を使ったり、事実を淡々と伝えたりするだけでは、商品の魅力がいまいち伝わりにくくなる

●OK例：五感に訴える表現を使った場合

> このエアコンは、部屋全体がまるでコタツに入っていると感じるほど暖まります。その部屋で野菜たっぷりの鍋なんてオススメですよ

> そんなに暖まるんだ！その部屋で鍋を食べたらおいしいだろうな！

部屋全体がコタツの中（触覚）、野菜たっぷりの鍋（味覚、視覚、嗅覚）といった表現で五感に訴え、購入意欲を刺激している

Chapter 5 プレゼン術

デキる社会人のためのポイント！

① プレゼンは提案をわかりやすく伝え、共感を得ることが大切。

② 五感に訴える表現で、提案の魅力を具体的に想像させよう！

● Chapter 5 ／デキる社会人のコミュニケーション②会議＆プレゼン編

6 プレゼンテーションの基本②
間の法則

◎一方的な説明では話が伝わりにくい

新人時代の私が、1人で企画提案の場を与えられたときのことです。ひと通り説明を終えたあと、先方の上役から「ちょっと早くて追いつけなかったので、ココとココについて、もう一度お話ししてもらえますか？」と言われてしまいました。

緊張や気負いもあったのでしょう。**つい早口でまくし立てるような話し方になってしまったことが原因**で、肝となるポイント部分まで相手に理解してもらえていなかったのです。

企画のプレゼンは発信者側の独壇場と決めつけ、つい一方通行になりがちです。けれど、対話形式的なプレゼンもたくさんありますし、常に相手に理解してもらえていることを確認しながら進めたほうが賢明です。

◎相手が理解し、映像化する時間をつくる

話を理解してもらうコツとして、**意識的に間をとって話す**方法があります。相手の頭の中で自分の話が咀嚼され、それを映像化してもらう時間をつくることで、理解を確かなものにするのです。

また、間をとると同時に、こちらから**質問を投げかけ、相手の話を引き出す**ことも有効です。お互いの意見交換ができ、共感を生みながら説明を進めることができます。

相手の話を受ける際、**徹底的に聞く姿勢をとる**と意見や問題点を開示しやすい環境をつくることができます。すると、思わぬ意見を引き出せ、さらに相手の懐に入る提案ができたり、新しい仕事の糸口が見つかったりするかもしれません。

「沈黙はまずい。何か話さなければ」と焦る必要はありません。相手と歩調を合わせたコミュニケーションが、共感や説得力につながります。

間の法則で説明内容を咀嚼させる

例 社内の商品企画会議の場合

今度出す新シリーズの携帯電話は、名刺サイズの大きさにし、コンパクトさを追求したものにしようと考えています

2〜3秒の間をとる

① 名刺を脳内で検索

名刺ってどのくらいの大きさだっけ？

② 伝えた情報が咀嚼され、映像化される

名刺

なるほど、このくらいの大きさか

この間をとらずに矢継ぎ早に説明してしまうと、相手は映像を思い浮かべる前に次の話を聞くことになり、前に受けた説明が頭に残らなくなってしまう

それで、機能面では……

デキる社会人のためのポイント！

① 間をとることで話が映像化され、理解が高まる。

② 歩調を合わせたプレゼンが共感や説得力につながる。

Chapter 5 プレゼン術

● Chapter 5／デキる社会人のコミュニケーション②会議＆プレゼン編

7 プレゼンテーションの基本③ 問いかけの法則

◎いかに自分のことを話さないかも大事

　間の法則（p.128）で述べたように、通常のプレゼンでは、相手と歩調を合わせてコミュニケーションをとることが大切です。私は顧客と対話をしているときに、**自分が話しすぎないこと**を強く意識しています。とくに初対面の場合、**できるだけ問いかけ、その答えを糸口に相手が抱えている悩みや課題を引き出していく**ようにするのです。

　問いかけは、大勢（数十人～数百人規模）を相手にするプレゼンテーションでも有効です。問いかけをすると、聞く側の参加意識が高まり、「しっかり聞こう」というよい緊張感が生まれます。また、問いかけを複数の人にすることで、臨場感のあるプレゼンにもつながっていきます。

◎簡単なオウム返しで問いかけを実践

　問いかけの一番簡単な方法として、相手の発言に対してシンプルに**オウム返し**をするテクニックがあります。

　「食事中の談笑の仕方」（p.86）でも触れましたが、たとえば、相手が「最近発売した新商品の売上がいまちいなんですよ」と言ったら、「売上があまりよくないんですか？」と答えます。すると、「ええ、このままでは競合商品に負けてしまうから、どうにかしたいのですが……」と相手は話を続けやすくなるでしょう。オウム返しは、**問いかけながら共感する**という技法で、相手に「あなたの話をしっかり聞いています」というメッセージにもなります。

　相手の発言をコピーして問い返しているだけなのですが、会話のキャッチボールとして十分成立しています。会話の間を埋めるためのテクニックの1つですが、相手の悩みや課題を引き出し、よりよい提案をするためのキッカケづくりとしても活用してみてください。

> ビジネスシーンで使える問いかけの例

● **相手の興味、意識が向いている方向を探る問いかけ**

一般企業や消費者向けの営業でないことがわかるなど、相手の興味や意識が向いている方向、課題が想像できる。

- 今はどのような仕事を中心に担当されているんですか？
- 今は官公庁への営業を中心に担当しています

● **相手の持つビジネススキルや決定権の有無を探る問いかけ**

どの程度のビジネススキルを持っているのか、決定権を持っているのか、などがわかる。

- 今の部署に来てどれくらいですか？
- 今年で3年目になります

デキる社会人のためのポイント！

① 問いかけを活用して、相手の話を引き出そう！

② オウム返しは会話を盛り上げるきっかけになる！

Chapter 5 プレゼン術

● Chapter 5／デキる社会人のコミュニケーション②会議＆プレゼン編

8 プレゼンテーションの基本④ ターゲットの法則

◎全員に話そうとすると失敗しやすい

インターンシップへの参加を促すために、400人もの学生に対してプレゼンを行ったときのことです。私はあまりの人数に圧倒され、覚えたセリフを天に向かって話すのが精一杯になってしまいました。結果、参加してくれた学生はゼロ。理由は**誰にどのような話をするかをまったくイメージできておらず、誰の心にも刺さらないプレゼン**になってしまったからです。

みなさんのなかにも、入社した会社、配属された部署によっては、数十～数百人という大勢の前でプレゼンを行う機会があるかもしれません。たとえば、社員総会や新卒採用の説明会などで、「5分間与えるから、○○について話してくれ」と、全体のうちの一部を任される可能性は十分にあります。このとき、**全員にまんべんなく伝えようとすると、かえって誰にも何も伝わらない**ことが往々にしてあります。

◎あえてターゲットを絞って話す

そこで、大きな会場で大人数に向かってプレゼンする際、私はなるべく**ターゲットを明確にして話す**ようにしています。聞き手が何人いようとも、対象をあえて数人に絞る意識で話をするのです。ターゲットの決め方は、すぐに話に反応してくれる人、メモをとっている人、一番後ろに座っている人などさまざまです。その**ターゲットの表情・反応を見ながら話のテンションを変えたり、ときには問いかけたりする**ことで、自然と会場にいる多くの人が集中して話を聞いてくれるようになります。

ターゲットを意識して話す経験を積んでいくと、次第に多くの聞き手がいても、一人ひとりの目や表情、反応を見ながら話ができるようになります。聞き手が何人いようと慌てず、自分でターゲットを決めて、その人に確実に伝わる話し方を心がけてみてください。

聞く側の参加意識を高めるテクニック

●個人に対して質問する

〜について、あなたはどう思いますか？

積極的な人・消極的な人を、バランスよく指名することで、全体の空気がほどよく混ざり合う。

●クイズを出して答えさせる

現在の30歳の平均年収はいくらでしょうか？

「300万円未満だと思う人？」「300万円以上だと思う人？」など、選択肢を与えて挙手してもらうと、全体の参加意識が高まりやすい。

●隣同士などで話し合ってもらう議題を出す

少子化問題を打開する具体策を隣の人と話し合ってみてください

1〜2分間の時間を与えて話し合ってもらうことで、会場全体に活気が生まれる。

デキる社会人のためのポイント！

① ターゲットを絞る意識を持ち思いが伝わるプレゼンにしよう！

② 聞く側の参加意識を高める工夫をしてみよう！

● Chapter 5／デキる社会人のコミュニケーション②会議＆プレゼン編

9 プレゼンテーションの基本⑤
登場人物の法則

◎自分の体験したものと同じ映像を想像させる

　自分が体験した出来事を第三者に説明するとき、**自分が体験したものと同じ映像を想像してもらう**ことで、出来事の情景や感動を伝えやすくなります。そこで有効なのが、**臨場感のある話し方**です。

　たとえば、上司や同僚に「昨日、お客様に褒められました！」と話しても、褒められた事実やうれしい様子はわかってもらえますが、あなたが受けた感動までは伝わりにくいでしょう。自分一人の口調で話してしまうと、臨場感が出にくいのです。

◎登場人物になりきって出来事の臨場感を伝える

　そこで、相手に臨場感を伝えるための話し方として**話者の自分がその場の登場人物になりきる**、という方法があります。

　先ほどの例の場合、「昨日、お客様から"今回の内容は、とてもよかったよ。また御社にお願いしますね"というお言葉をもらったんです！」と、顧客に言われた言葉をそのまま使い、さらにそのときの顧客になりきった口調で話してみましょう。

　臨場感がぐっと増し、相手も「それはうれしかっただろうな！」と、あなたの話に共感しやすくなります。この方法は、直接話法（他者が話したことをそのまま伝える話術）と呼ばれます。

　さらに、**登場人物の言葉に合わせて体の向きを変えて話す**ことで、聞き手は登場人物の交わした会話の様子をもっと想像しやすくなります。

　直接話法を活用した話し方は、例であげたような社内での一会話に限らず、大勢と対峙（たいじ）するプレゼンテーションのときにも当てはまります。臨場感のある話し方を活用することで、**自分の提案に相手を引き込みやすく**してみましょう。

登場人物になりきる直接話法で臨場感を伝える

●NG例：淡々と保険プランのメリットを伝える

「入院費用の全額保証が、他のお客様からも好評のプランなんです」

へ〜

→ どこか他人事のように聞いてしまう

●OK例：他のお客さんからもらった言葉をそのまま伝える

「私が担当しているお客様からも『夫が入院したときに費用を全額保証してくれたから、家計的にも大助かりだったわ〜！』というお言葉をいただいています」

そうなんだ〜

→ 話に引き込まれて心から共感できる

Chapter 5 プレゼン術

デキる社会人のためのポイント！

① 臨場感のある話し方が相手の共感につながる。

② 臨場感を伝えるために、登場人物になりきって話そう！

● Column⑤

オープンクエスチョンと クローズドクエスチョンを使う

会話をスムーズに進めるうえで、130ページで述べたような問いかけはとても有効です。そこで、さらにステップアップして、**オープンクエスチョン**と**クローズドクエスチョン**を使い分けてみましょう。

オープンクエスチョンとは「御社の今後の展望はいかがですか？」「この案件について、どうお考えですか？」など、相手に自由な回答を求めた質問方法です。想像以上の答えや新しい情報を得られる可能性がありますが、相手が返答に困るケースもあります。クローズドクエスチョンとは「A案とB案では、どちらがよいですか？」「今回はA案でいかがでしょうか？」など、相手に選択肢を提示した聞き方になります。「A(B)」「Yes(No)」など相手が答えやすくなる反面、予想を超える回答は得にくくなるでしょう。

さらに、返答の仕方にも**ニュートラルレスポンス**（うなずき、反応）と**バイアスレスポンス**（自分の意見・価値観も含めた反応）があります。状況に合わせた質問・返答方法の使い分けをぜひ目指してください。

①オープンクエスチョン

自分：御社は、最近どのような事業に力を入れているのですか？

相手：現在は、アジアでの商品販売に注力していますよ

● バイアスレスポンス

自分：そういえば御社の競合も、アジアでの販売展開に注力していますよね

②クローズドクエスチョン

自分：テレビとカメラでは、現在どちらが御社の売れ筋商品になっていますか？

相手：弊社の商品では、とくにカメラが売れていますよ

● バイアスレスポンス

自分：私もとくに中国市場では、御社のカメラに対するニーズが高いと考えています

Chapter 6

デキる社会人の仕事術①
基本編

Keyword

- □ GPDCAサイクル
- □ フェーズとトリガー
- □ アウトプットとアウトカム
- □ MECE(ミーシー)
- □ TODOリスト・したことリスト
- □ タスク管理表
- □ 優先順位のつけ方
- □ 成功方程式

● Chapter 6／デキる社会人の仕事術①基本編

1 仕事はGPDCAサイクルでとらえる

◎ビジネスでの安定とは、右肩上がりのレベルアップ

　仕事と一口にいっても、その内容は業種によっても、部署によってもいろいろです。たとえば、自社の商品を販売する、アイデアを提案するといった直接売上につながる仕事もあれば、経費の処理を行う、部内懇親会を企画するといった社内運営を後ろから支えるような業務もあります。ただ、いずれの仕事においても、"仕事"というからには**成果を出すこと**が課せられています。

　そのうえ、ビジネスにおける**「安定」とは「右肩上がりのレベルアップ」**を意味します。つまり、同じような仕事であっても、昨日よりは今日、一度目よりは二度目のほうが、よりよい成果を出すことが求められるのです。

　そこで必要となってくるのが、**振り返り（検証）**です。改善点を洗い出すことで、しっかりとレベルアップをはかっていきます。

◎GPDCAサイクルを意識して取り組む

　では、いつ、どのようなタイミングで振り返りを実施すればよいのでしょうか。ここで、覚えてほしいのが**GPDCAサイクル**です。これは、仕事を**G＝Goal（ゴール、目的）、P＝Plan（計画）、D＝Do（実行）、C＝Check（チェック）、A＝Action（振り返りと改善）**のサイクルに則って進めていく考え方です。

　まず、仕事が発生したら、「ゴール（G）は何か？　何のために実施するのか？」を考えます。それを踏まえ、具体的な計画（P）を立てて実行（D）し、途中、進捗管理や確認（C）も忘れずに実施します。このとき、問題があれば計画に立ち戻ってやり直します。これを繰り返し、仕事をやり遂げたら全体を振り返り（A）、検証を行い、次につなげていく流れをつくるのです。

　このようにGPDCAサイクルを意識すると、**全体像を見据えて仕事に取り組むことができる**ようにもなり、仕事を進める力は確実に向上していきます。どんな仕事も、やりっぱなしは最大のNGです。

仕事発生から完了までの流れ

仕事の依頼
次の会議までに、20代女性の消費動向に関するデータを集めて、資料をつくっておいてね

ゴールを(G)確認
はい。商品開発のヒントになるようなデータを集めてまとめればいいんですよね？

G（ゴール設定）

P（計画）
やるべきことをリストアップする
- インターネットでアンケートを実施
- データを分析
- 資料としてまとめる

上司の指摘があれば修正し、計画から見直す

D（実行）
計画に沿って進める

C（チェック）
進捗状況を上司に報告する

会議
作成した資料を配布する

上司のOKが出れば、資料は完成

A（振り返り）
終了後に検証する
- 会議で受けた質問をフィードバック
- 保存データとして管理

仕事完了

デキる社会人のためのポイント！

① 仕事はやりっぱなしにせず、必ず振り返りを実施する。

② 仕事の全体像をつかんだうえで取り組もう！

● Chapter 6／デキる社会人の仕事術①基本編

2 ゴールである目的を意識する

◎目的＝ゴール、目標＝通過すべきチェックポイント

　先述した通り、仕事は取りかかる前に、**「その仕事のゴール、すなわち目的は何か」** を考えることから始まります。たとえば営業においては、「今月の目標訪問件数は○件」といった数値を掲げますが、この数値はあくまでも目標であり、目的とは違います。

　では、目的と目標、どちらもよく聞く言葉ですが、そもそもどういった違いがあるのでしょう。たとえていうならば、**目的はダーツでねらうべき「的」そのもの、つまりその仕事の最終到達地点のことであり、目標はその的に到達するために通過すべき「標（しるべ）」＝チェックポイント**であるといえます。

　あるいは、目標を小さな目的ととらえることもできます。さまざまな手段を講じて目標を1つずつクリアしていき最終的な目的達成を果たす、これが仕事の基本的な枠組みです。先の例でいうと、営業における顧客訪問は、利益を向上させるという目的を達成するために必要な目標の1つにすぎないのです。

◎目標が目的化しないように気をつける

　目的が何か、目標が何か、その違いを理解してはいても、新入社員時代に起こりがちなのが、目の前の業務に躍起になりすぎるあまり、**目標が目的化してしまうケース**です。

　アポイントの獲得件数が増えるわりには受注件数が伸びてこない、というときなどは、アポイントをとることそのものが目的化してしまい、アポイントの獲得に成功した時点で「仕事をした！」つまり、「目的を達成した」気になっていると考えられます。これでは、いくら頑張っても実質的な成果にはつながりません。常に「今やっている業務の先に何があるのか？」「最終到達地点は何なのか？」を意識しておかないと、次に何をすべきなのかが見えなくなってしまいます。どんな仕事も、**俯瞰でとらえられる**ようにしていきましょう。

ゴール（目的）を意識した顧客訪問

●NG例：顧客訪問のあとに続くステップが見えていない

「わが社の強みは……、この商品の特徴は……」

「マシンガントークだな……。もう、来てもらうのはやめよう」

✕ 目的達成（受注獲得）のために必要な目標（提案書の提出、予算の交渉など）が見えておらず、自社の商品（サービス）のアピールを一方的にしてしまっている

●OK例：顧客訪問を目的達成の通過ステップととらえている

「次回、具体的な提案書をお持ちしますので、そのときには上役の方にもぜひご同席いただければ幸いです」

「提案書を持ってきてくれるならもう一度会ってもいいな」

「わかりました。社内で調整してみます！」

○ 「提案書の提出」という、次のステップにつなげるための提案ができている。顧客のニーズや課題、キーマン、予算感などを探り出せるとなおよい

デキる社会人のためのポイント！

① 目標は目的達成のための通過点の1つとして取り組もう！

② 仕事のゴール＝目的は何かを常に意識する。

● Chapter 6／デキる社会人の仕事術①基本編

3 仕事の範囲を明確にする

◎「何を」「どこまでやるのか」を確認する

　どんな仕事も、1人ですべてをやって完結させられるものはないといっていいでしょう。とくに新入社員は、上司から仕事を与えられるケース、誰かに手伝ってもらうケースなどがほとんどです。そこで、仕事を引き受けるときに注意しなければならないのが、**「何を」「どこまでやるのか」**という確認です。

　私が新人だったとき、社内会議で必要な資料の作成を頼まれたことがありました。「営業の進捗一覧」の資料を作成する仕事だったのですが、完成させて提出したところ、上司からは「一覧だけじゃなくて、どのような傾向があるのか、という分析までしてまとめてほしかった」と言われてしまいました。仕事を頼んだ上司と私との間で、認識にズレが生じていたのです。

◎「やること」を決めたら、明文化にして共有する

　「何を」「どこまでやるのか」については、**仕事に着手する段階で明確にしておくこと**が重要です。途中段階で、「○○はやったほうがいいですか？」「△△はどうすればよかったんでしたっけ？」といった質問をするのは、仕事を頼んだ上司にしてみれば「何を今さら……」と頼りなく映ります。もちろん「手が空いたのでもっとやります」という意気込みは大事ですが、これは上司との間に認識のズレがない場合に限ります。新人のうちは、仕事の範囲をはき違えてしまうようなことはめずらしくありません。まずは、任された仕事を間違いなく仕上げることに集中しましょう。

　さらによくあるのが、後になって「言った・言わない」でトラブルになるケースです。こういった問題を避けるためにも、**上司からの指示は明文化したうえで共有するようにしておく**ことをおすすめします。もし認識が違っているときは、最初の段階で「これも頼むよ」「それはやらなくていい」とチェックを入れてもらうことができるので、無駄なく仕事に取り組めます。

上司に確認をとるときの注意点

●その場で仕事の範囲を確認する

NG

何をすればいいんですか？

✕ 丸投げの聞き方では、何も考えてないように思われる。

OK

データ収集と、その分析まで行えばいいですか？

○ やることをできるだけ具体的に言うと、上司も指摘しやすい。

●メールで認識にズレがないかを確認する

先ほど指示を受けた○○社に提出する資料の作成についてですが、

① データを収集する
② 収集したデータを分析する

以上の作業を進めます。ご確認ください。

➡ やることは簡潔な文書にまとめるようにする。長文メールはNG。

デキる社会人のためのポイント！

① 指示を受けたときに、「何を」「どこまでやるのか」を確認しよう！

② 確認した内容は明文化して上司に送り、ダブルチェックしてもらうとなおよい。

● Chapter 6／デキる社会人の仕事術①基本編

4 仕事はフェーズに分けて考える

◎フェーズに分けてやるべきことを洗い出す

　どんな仕事も、何の計画もなしに取りかかってはうまくいきません。たとえば、「社内懇親会の開催」という業務を遂行する場合でも、事前に日程と会場を決めただけで当日を迎えたとしたら、「参加人数が思ったより少なかった」「予算をオーバーしてしまった」「ただの食事会で終わってしまった」といった問題だらけの懇親会になりかねません。

　このような事態を避けるためにも、やるべきこと（タスク）を洗い出してから仕事に取りかかることが必要なのです。ただし、思いついたものをひたすら書き出していくという方法では、どうしてもヌケやモレが生じてしまいます。そこで有効なのが、仕事をいくつかの**段階（フェーズ）に分け、それぞれの段階でやるべきこと（タスク）を洗い出していく**方法です。段階ごとに「何をすべきか」を考えると、ヌケやモレのチェックがしやすくなります。

◎トリガー（節目となる仕事）を意識する

　仕事をフェーズに分けて取り組む際、次に大事になってくるのが、**各フェーズの節目となる仕事（トリガー）が何なのかを意識すること**です。トリガーとは、次のフェーズに進むためのきっかけとなるタスクのことです。

　たとえば、上司の承認を得ることで、次のフェーズに進めるのだとしたら、「上司の承認を得ること」がトリガーにあたります。つまり、**「どのタスクが完了すれば、次のフェーズに移れるのか？」**を考えておくことで、きちんと仕事が順調に進んでいるのかどうかを検証することができるのです。

　逆にいえば、上司のチェックを受けるような機会をトリガーとして設定しておけば、改善すべき点があった場合も、すみやかに是正することができるため、最終期限の直前でどんでん返しをくらう、といったことも少なくできるでしょう。

作業ベースでのフェーズの分け方

例 懇親会を開催する場合

仕事の流れに沿って、「企画」「準備」「実行」「振り返り」の4つのフェーズに分ける。

カギ① それぞれの段階でやるべきこと(タスク)を洗い出す

振り返り段階
- 満足度アンケートのとりまとめ
- ◆上司への終了報告

トリガー

実行段階
- 懇親会当日の運営
- ◆会場への精算完了

トリガー

準備段階
- 日時を決める
- 会場を手配する
- 参加人数を確定する
- ◆懇親会の詳細を参加者にメールで送る

トリガー

企画段階
- 懇親会の目的、構成を考える
- 予算を決める
- ◆上司の承認を得る

トリガー

カギ② トリガーをクリアしたら、次のフェーズに進む

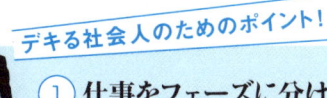

デキる社会人のためのポイント!

① 仕事をフェーズに分けて、やるべきことを洗い出そう!

② それぞれのフェーズのトリガーを意識しよう!

Chapter 6 整理の仕方

● Chapter 6／デキる社会人の仕事術①基本編

5 アウトプットよりも アウトカムを意識する

◎アウトカム（成果）が何なのかを意識する

　新人によく見られるのが、**アウトプット（したこと）にばかりとらわれているケース**です。たとえば、営業セミナーを実施する、という仕事において100社に案内を出したとすると、これだけ多くの会社に対して参加を呼びかけたのだから、まずはそのことを評価してほしいと考えます。

　しかし、上司の立場からすると、100社に案内を出したことはあくまでもプロセスにすぎず、特別なことでもなければすごいことでもありません。重要なのは、その結果、何社がセミナーに参加したか、という**アウトカム（成果）**です。その仕事が「会社に対してどのような価値を生み出し、どれほどの利益をもたらしたか」といったことのほうが、「何をしたか」よりもずっと大事なことといえます。**仕事の場では、アウトカムこそが求められている**のです。

◎上司が求めるアウトカムを確認しておこう

　それぞれの仕事のアウトカムが何かを意識すると同時に、**成功とされるライン**がどこにあるのかについても確認しておくことが必要です。というのも、上司が求めているラインのほうが、自分が考えているラインよりも高いといったケースがめずらしくないからです。自分のなかでは十分に頑張ったと思える結果であっても、会社としての利益に見合っていなければ、当然のことながら評価はしてもらえません。入社してしばらくは、上司のいう**成功ライン＝100点が何なのか**を明確にしたうえで臨むべきです。くれぐれも主観だけで判断するのは避けましょう。

　アウトカムの基準については、期限や受注件数、売上など、できるだけ数値で表せるものを目安として、上司とすり合わせておくのがポイントです。考えのズレは仕事に着手する前に解消しておきましょう。

アウトカムの基準設定の方法

> 今回のセミナーでは、30社に集まってもらえればOKですか？

> 最初にアウトカムを確認しておこう！

> いや、売上アップが必至だから、最低でも50社は集めたい。そのつもりで、呼びかけてくれ！

Case Study

上司のアウトカムのレベルに応えられそうにないときは？

上司は、あなたが「できる」と期待して、合格ラインの数値を出しているのだから、「無理です」「できません」と言うのではなく、下のような条件付きYesを出すようにしよう。

ここまでは頑張る、というラインを示す
40社までは期限内に集められると思うのですが、そこから先は厳しいかもしれません

打開策を提示する
自分だけでは間に合わないかもしれません。○○さんに協力してもらってもいいですか？

デキる社会人のためのポイント！

① アウトカムを常に意識して仕事に取り組もう！

② 求められるアウトカムのラインをあらかじめ確認しておこう！

Chapter 6 整理の仕方

● Chapter 6／デキる社会人の仕事術①基本編

6 誰に、何を依頼すべきかを整理する

◎関係者をすべて書き出し、1人で抱え込まない

　新入社員の頃にやってしまいがちなのが、1人で仕事を抱え込んでパンク状態に陥ってしまうことです。これは、その仕事にどういう人たちが関わっているのかを理解していないことが最大の原因です。誰に、何を相談すればよいのかがわからず、1人でなんとかしようと頑張って深みにはまる、というのがよくあるパターンです。

　そこで、仕事に着手する段階で、**現時点から仕事達成までの間に関わってくるであろう人たちを、社内外を問わずもれなく書き出してみることを**おすすめします。このとき「頭の中で考える」だけではなく、「書き出す」ことが重要です。書くことで仕事そのものも整理され、**誰に、何を相談・依頼するべきなのか**が明確になってきます。できるだけ具体的に、どういったコミュニケーションをとればよいかまでもイメージしておくといいでしょう。

◎「現状・背景・未来展望」を伝えて頼むようにする

　自分の仕事を達成させるのに必要だからといって、詳しい事情を説明することなく、いきなり「○○のデータ作成をお願いします」などと言って仕事を依頼するのは、相手に対して失礼であるというだけでなく、もしその人が忙しければ断られてしまうことだってあり得ます。そうならないようにするためには、その**仕事の現状**をはじめ、**「なぜ依頼したのか」という背景、「手伝ってもらうことによってどうなるのか」といった未来展望**までを、きちんと相手に伝えることが大切です。そうすることで、相手に不快な思いをさせることなく、むしろ相応の責任感を持って引き受けてもらえるはずです。

　スムーズに仕事を進めていくには、適切な人に、適切なタイミングで仕事を割り振ること、しかも**それぞれの人に気持ちよく関わってもらえるような頼み方**をすることが不可欠なのです。

仕事に関わる人たちを書き出すときのコツ

例 取引先A社へとあるシステム提案をする場合

- 提案書をつくり始める前に、A社に関する過去の事例を高橋課長に聞こう
- A社の担当者・尾崎さんに、前回の打ち合わせの議事録をメールで送り、認識のズレがないかを確認しよう
- どのようなシステムにすべきか、システム開発部の吉田さんと打ち合わせして共有しよう
- 決定権を持つA社・竹田部長の一声で、提案の機会をもらえた。お礼の電話をしておこう

関係者ととるべきコミュニケーションを考え、
一覧表に整理する

社内の関係者一覧

誰 に	どんなコミュニケーションをとるか
営業部・高橋課長	A社に関する過去の事例を聞く、今回の提案方針を相談する
システム開発部・吉田さん	どのようなシステムにするかを相談し、共有する

一覧表に書き出すことで、ヌケが見つかることもある。そのままチェックシートとして使えるので、やり忘れも防げる。

社外の関係者一覧

誰 に	どんなコミュニケーションをとるか
顧客担当・尾崎さん	打ち合わせ時の議事録をメール添付で送信、認識のズレがないかを確認
顧客キーマン・竹田部長	今回の提案機会をくれたことへのお礼電話

デキる社会人のためのポイント！

① 仕事に関わっている人をすべて書き出そう！

② 「現状・背景・未来展望」を伝えたうえで、仕事を依頼しよう！

● Chapter 6／デキる社会人の仕事術①基本編

7 MECEを使う仕事と使わない仕事

◎通常の仕事はMECEを活用して整理する

　これまで話してきた通り、仕事はやるべきこと（タスク）をすべて洗い出してから取り組む、というのが効率よく進めるポイントです。ただし、タスクの洗い出し方が適当でないと、後から埋め合わせをしなければならなかったり、同じ仕事を重複してやってしまったりと、さまざまなムダが生じてしまいます。

　こうしたモレやダブリを防ぐために、**MECEという考え方**を活用しましょう。MECEとは「Mutually Exclusive and Collectively Exhaustive」の略で「モレなく、ダブリなく」という意味です。たとえば、人を「男性」「女性」に分ける、「20歳未満」「20歳以上」に分ける、という場合はいずれもMECEとなります。一方で、MECEになっていないのは、成人男性を「アルバイトをしている」「学生」で分けるケース。「アルバイトをしている学生」もいれば、どちらにも該当しない人もいるため、明らかにモレやダブリが生じています。

　つまり、仕事を分けて考えるときは、**MECEを意識して切り口を設定することが必要となります。** モレやダブリのない切り口を考えましょう。

◎あえてMECEで考えないほうがいい仕事もある

　仕事によっては、**MECEをあえて意識しないほうがよい場合**があります。たとえば、「Webサイトの新コンテンツを考える」といった**企画やアイデアに関わる仕事**のときです。このような仕事では、実用的であると同時に斬新さやユニークさが求められます。発想力が問われるような仕事のときは、MECEによって条件づけされたなかで考えるよりも、条件に縛られることなく思いつくままに考えを出していくほうがいいでしょう。

　MECEは、どんな仕事にも有効であるというわけではありませんが、さまざまな視点や切り口を持っておくことで、**仕事の状態を多角的にとらえる**ことができるようになります。基本の枠組みはしっかりと理解しておきましょう。

MECEを使った整理の仕方

例）「セミナー開催」という仕事の場合

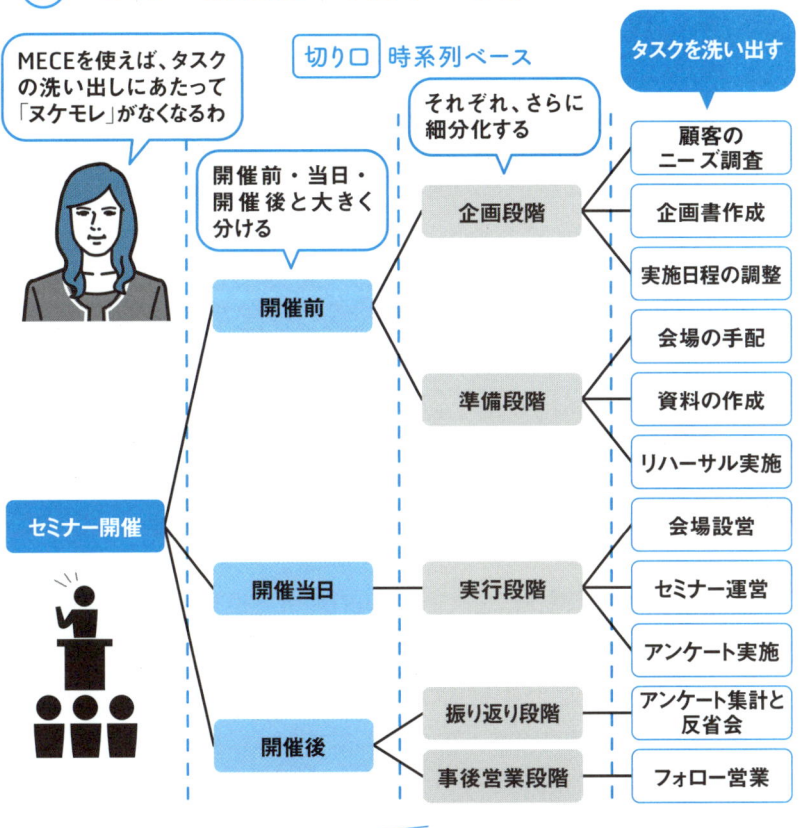

MECEを使えば、タスクの洗い出しにあたって「ヌケモレ」がなくなるわ

切り口 時系列ベース

タスクを洗い出す

- セミナー開催
  - 開催前（開催前・当日・開催後と大きく分ける）
    - 企画段階（それぞれ、さらに細分化する）
      - 顧客のニーズ調査
      - 企画書作成
      - 実施日程の調整
    - 準備段階
      - 会場の手配
      - 資料の作成
      - リハーサル実施
  - 開催当日
    - 実行段階
      - 会場設営
      - セミナー運営
      - アンケート実施
  - 開催後
    - 振り返り段階
      - アンケート集計と反省会
    - 事後営業段階
      - フォロー営業

デキる社会人のためのポイント！

① 仕事を分けて考えるときは、MECEを意識しよう！

② アイデアをたくさん出したいときは、MECEを気にしない。

● Chapter 6／デキる社会人の仕事術①基本編

8 やるべきこと（タスク）を洗い出す

◎やるべきこと（タスク）は自分なりに探し出す

　仕事のやり方について、ゼロから教えてもらえることはほぼないといっていいでしょう。たとえば、上司から「次の会議までに、○○についての企画案をまとめておくように」と言われることはあっても、そのために何をすればよいのかといった具体的な指示まではしてもらえないことがほとんどです。

　つまり、**やるべきこと（タスク）**は、自分で考えて洗い出さなければなりません。ところが、たいていの新人は、何をやればいいのかわからないとなると考えることをストップしてしまい、ただひたすら指示をもらおうとします。そのようなやり方を続けていては、いつまでたっても仕事ができるようになりません。同じような仕事を手掛けている先輩の仕事ぶりや社内資料など、参考にできるものは必ずあるはずです。自分なりに考えて、タスクを洗い出してみてください。上司のチェックを受けるなら、そこまでやってからにしましょう。

◎タスクの粒度を小さくしてイメージしやすくする

　タスクの洗い出しでポイントとなるのが、**タスクの粒度**です。粒度とは、それぞれのタスクの大きさを表しており、**この粒度をできるだけ小さくしたほうが、具体的な作業内容がイメージしやすくなります**。これは、上司との情報共有という面からも重要で、はじめて取り組む仕事であれば、なおさら意識したいところです。

　先にあげた「企画案をまとめる」という仕事であれば、「企画書のフォーマットを決める」「企画立案に必要なデータを集める」といったレベルまで粒度を細かくしていきます。こうすることで、どの作業からやればよいか、誰かに手伝ってもらう作業があるか、どのタイミングで上司に確認をとるか、といった仕事の進め方まで見えてきます。作業の流れをイメージしてから取りかかることができれば、どんな仕事も効率よく進めていくことができるでしょう。

粒度を細かくしていく重要性

「会議用の資料を作成しているんです。とりあえず、データを集めているんですが…」

「いきなりデータ集めから始めたの？ このあと何を、どうしていくつもりか、言える？」

上司の目線

- フォーマットのデザインはどうするの？
- データの分析も、自分でやるつもり？
- 誰が参加する会議かわかってる？
- 資料に載せる内容について、○○課長の確認はとってあるの？

→ **タスクの粒度を細かくしてイメージできていないと、失敗する！**

デキる社会人のためのポイント！

① やるべきこと（タスク）を洗い出して、書き出そう！

② タスクの粒度をできるだけ細かくして、進め方までイメージする！

Chapter 6 効率のよい進め方

● Chapter 6／デキる社会人の仕事術①基本編

9 TO DOリスト・したことリストの活用

◎TO DOリストで優先順位をつけて管理する

　自分の仕事を管理するのに使われる代表的な方法が**TO DOリスト**です。TO DOリストとは、その日にやるべきこと（タスク）を箇条書きで洗い出して一覧にしたもののことで、毎朝、仕事を始める前に作成します。このとき、タスクの期限や重要度も明記すれば、**優先順位を意識して管理する**ことが可能となります。

　決まったフォーマットがあるわけではありませんが、アナログ・デジタルを問わず、いつでもどこでもチェックできるようにしておきましょう。そして、タスクを消化したら、そのタスクを**棒線で消す、チェックボックスを塗りつぶす**などして処理します。終了したタスクについて、いつでも確認できるようにしておくのがポイントです。

◎したことリストを併用して後続性を意識する

　私はかつて付箋を使ってTO DOリストを作成していました。タスクが完了するたびに、そのタスクが書かれた付箋を捨てるという方法で管理していたのです。しかし、捨てることで気持ちはスッキリするものの、続けて行うべき作業を忘れてしまうことが多く、しょっちゅう上司から指摘されていました。実際、継続性のある仕事であるかどうかまで気がまわらないといったことは、新人には起こりがちです。

　そこで、有効なのがTO DOリストと同時に、**前の日にしたことをすべて書き出す、「したことリスト」を作成する**方法です。2つのリストを並べることで、完了したタスクのあとに発生するタスクがないかどうかを確認できるようになり、後でやろうと思ったことをし忘れる、といったミスがなくなります。

　また、したことリストの量によって自身の生産性をチェックできるというだけでなく、その量が多ければモチベーションアップにもつながります。

To Doリスト・したことリストのつくり方

■したことリスト（昨日）

□A社・提案資料作成
　　→ヒアリング内容とりまとめ
　　→データ収集を依頼

□B社・見積書作成
　　→上司の承認済み

□開発部に会議を要請

□C社・訪問

> 後続作業のあるタスクがないかを、まずはチェックする

■TO DOリスト（今日以降）

□大阪への出張申請

□A社・提案資料作成　2/10
　→□構成内容の確認
　→□フォーマットを決める

□B社に電話をかける（アポとり）

□C社・見積書を作成

□管理データのアップデート
　　　　　　　　　　2月末

> タスクに期限のあるものは記す

> 前日にやり残したことは、優先して処理しよう

> TO DOリストは、いつでもチェックできるよう、手のひらに納まるサイズのカードやメモなどを使い、携帯するといいわ

デキる社会人のためのポイント！

① TO DOリストでは、優先順位をつけて管理しよう！

② 前の日にしたことリストを作成し、後続する仕事をチェックする。

● Chapter 6／デキる社会人の仕事術①基本編

10 タスク管理表をコミュニケーションツールとして活用する

◎タスク管理表は上司に見せて共有する

先の項目で紹介した「TO DOリスト」と「したことリスト」は、メールで送るなどして**上司に共有**しておいてもらえば**タスク管理表**として使えます。

自身の仕事の状況を周囲に理解してもらうことは、新入社員の段階ではとくに大切です。先輩や上司から「今、何をやっているんだ？　忙しいのか？　ヒマなのか？」と聞かれてしまう前に、自らのタスク管理表を見せて状況を把握しておいてもらいましょう。

そうすれば、「昨日、A社に訪問したのなら、今日は忘れずにフォローの電話をかけるように」などのチェックをしてもらえるようになり、うっかりミスを防ぐことが可能となります。また、抱えているタスクの量が多ければ、急な仕事を押しつけられなくなるというだけでなく、頑張れば頑張っただけきちんと評価してもらえるようにもなります。

◎役割分担表を働きかけの材料として活用する

ベンチャー企業などでは、新入社員でもプロジェクトリーダーとなって仕事を進めるケースがあります。このようなときに、関係会社の担当者のほうが年上であったり、経験値が高かったりすると、期日に遅れている仕事の催促や支払いについての交渉がしにくいといったことが起こります。

そこでおすすめなのが、**タスクの役割分担表を作成し、コミュニケーションツールとして活用する方法**です。たとえば、その仕事のタスク一覧に、「自社」「A社」「B社」という欄をつくり、それぞれのタスクを、どの会社が実行するのかを明示します。このように目に見えるかたちで整理したものをもとに話を進めることで、先方に対して自信を持って意見を言えるようになります。

タスク一覧や役割分担表は共有して終わりではなく、コミュニケーションツールとして積極的に活用していきましょう。

役割分担表の効果的な使い方

[役割分担表の例]

自社とA社のタスクを一覧にまとめる

	自　社	A　社
全体スケジュールの策定	○	
予算の決定		○
会議の進行	○	
議事録の作成・共有		○

作成した表をメール添付でA社の担当者宛てに送っておくと、言いにくいことでも主張しやすくなる

進行を催促する

議事録の作成は御社が担当されていますが、進行が若干遅れているようです。

急ぎで仕上げてくださいますよう、お願いいたします

打ち合わせの結果を共有する

先日の打ち合わせで取り決めたことを別添の通りまとめました。

ご確認のうえ、御社の担当分について順次進めてくださいますよう、お願い申し上げます

デキる社会人のためのポイント！

① TODOリストは、上司にメールで送り、共有してもらおう！

② 役割分担表は、周囲とのコミュニケーションツールとして活用する！

Chapter6 効率のよい進め方

● Chapter 6／デキる社会人の仕事術①基本編

11 15分刻みで予定を管理する

◎スケジュールの粒度を小さくしていく

　スケジュールの管理については、手帳を使うアナログ派もいれば、携帯やPCを駆使するデジタル派もいるでしょう。ここで問題なのはツールではなく、**スケジュール管理の粒度の大きさ、すなわち時間の区切り方**です。

　学生時代は、1ヵ月の予定を見開きで管理できるタイプの手帳やフォーマットを使っていたという人が多いのではないでしょうか。ところが、社会人になると、1日の予定がどんどん増え、このタイプのものでは管理しきれなくなってきます。そこで便利なのが、**バーチカルタイプ**という1日を早朝から深夜まで細切れに管理できるもので、たいてい1週間ずつの見開き型になっています。1ヵ月から1週間単位、さらには15〜30分単位という具合に、**スケジュールを管理する粒度を小さくしていくのがポイント**です。

◎15分刻みで予定を設計し、管理する

　スケジュールを管理する際は予定を書き込むだけでなく、**実行したあと、実際にかかった時間や内容を記録する**ようにします。そうすると、より細かく時間を管理することができるようになります。

　たとえば、15分程度の空き時間が、細切れながらもたくさん生じていることがあります。外出までの15分、会議までの15分という空き時間は、何をやり始めても中途半端になるだけと、ついつい休憩にしてしまうというのがパターンです。しかし、仕事の生産性を高めるためには、そういった時間もきちんと管理していくべきです。たかが15分といえども、すべてを休憩に費やしてしまうのは、明らかな時間のムダづかいです。

　そこで、スケジュール管理の粒度をさらに細かくし、**15分刻みで考える**クセをつけていきましょう。15分でできることをうまくスケジュール設計に組み込めるようになれば、生産性ははるかにアップします。

15分刻みでのスケジュール設計の仕方

バーチカルタイプの
スケジュール表を使う

| Monday | Tuesday |

7
8
9
10 営業会議
   A社・
11 提案書作成

12
13 ランチ
   ミーティング
14
15 開発部
   打ち合わせ
16
17

慣れてきたら、タスクの粒度を細かくし、15分刻みですべての行動を管理していこう

9:00　営業会議
9:15　　□案件進捗報告
9:30　　□代理店管理報告
9:45　　□セミナー企画出し
10:00 A社・提案書作成
10:15　　□アウトラインを上司に確認
10:30　　　→作成
10:45　　□見積書作成
11:00　　□A社にフォロー電話

仕事と仕事のあいだの時間を見逃さない！

ムダな時間をなくして、効率化！

デキる社会人のためのポイント！

① バーチカルタイプの手帳で、スケジュールを管理しよう！

② 15分刻みで予定を設計し、管理するクセをつける。

Chapter 6　効率のよい進め方

● Chapter 6／デキる社会人の仕事術①基本編

12 「重要度×緊急度」で優先順位を決める

◎重要度×緊急度のマトリクスで仕事を整理する

　ビジネスでは、複数の仕事に対して、常に優先順位をつけて処理していくことが求められます。「お客様への資料送付」と「社内会議の資料作成」、どちらを先に処理するべきか？　というように、どの仕事を、どの順番で実施するのかを考えながら実行しなければなりません。

　仕事の優先順位をつける際の基準となるのが、仕事の重要度であり、緊急度です。そこで、横軸に**重要度の高低**、縦軸に**緊急度の高低**を設定し、4つの箱をつくります。これが、**重要度と緊急度のマトリクス**です。仕事を、この箱のいずれかに振り分けることで整理していきます。

◎重要度、緊急度の高低によって優先順位を明確にする

　では、重要度×緊急度のマトリクスでできる4つの箱のうち、どの箱にある仕事を優先させればいいのでしょう。基本的には、**①重要度・高×緊急度・高、②重要度・低×緊急度・高、③重要度・高×緊急度・低、④重要度・低×緊急度・低の順**で行っていきます。

　「①重要度・高×緊急度・高」の箱に入る仕事は、背水の陣、いわば切羽詰まった仕事です。この箱に入るような仕事がいくつか重なると、精神的にも体力的にも追い込まれた状態となり、余裕がなくなります。仕事の質にも影響が出ます。こうした状態を未然に防ぐためにも、とにかく最優先に取り組み、確実に完了させていくことが大切です。

　さらに、「③重要度・高×緊急度・低」の箱にある仕事も、そのままにしておくといずれは緊急度が上がってきます。空き時間を活用して、少しずつ進めていくなど、できるだけ前倒しで処理していくことが、仕事を抱え込まないコツです。重要度、緊急度の判断は、最終的には自己判断できることを目指しますが、新人のうちは上司の判断を仰ぎながら決めたほうがいいでしょう。

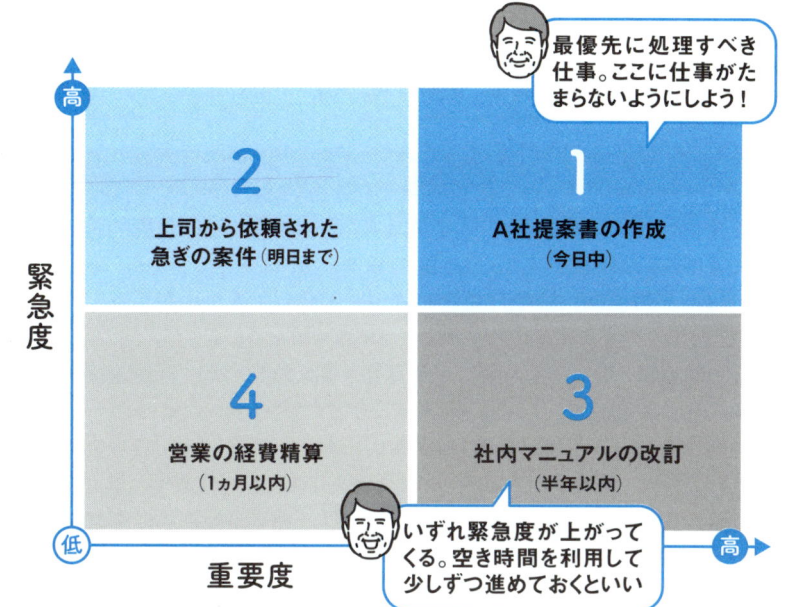

重要度×緊急度による優先順位の例

1 A社提案書の作成(今日中)
最優先に処理すべき仕事。ここに仕事がたまらないようにしよう!

2 上司から依頼された急ぎの案件(明日まで)

3 社内マニュアルの改訂(半年以内)
いずれ緊急度が上がってくる。空き時間を利用して少しずつ進めておくといい

4 営業の経費精算(1ヵ月以内)

縦軸:緊急度(低→高) 横軸:重要度(低→高)

- **重要度の判断基準**(低い順)
 1人で完了できる → 先輩を巻き込む → 上司を巻き込む → 部署内全員を巻き込む → 客先も関わる
- **緊急度の判断基準**(低い順)
 半年以内 → 1ヵ月以内 → 1週間 → 明日 → 今日

デキる社会人のためのポイント!

① 重要度×緊急度のマトリクスを利用して、仕事の優先順位をつけよう!

② 「①重要度・高×緊急度・高」の箱に仕事が入らないよう、前倒しで処理しよう!

Chapter 6 優先順位

● Chapter 6／デキる社会人の仕事術①基本編

13 「難易度×効果」でより効率的に仕事を進める

◎難易度×効果のマトリクスで、さらに仕事を振り分ける

重要度×緊急度のマトリクスによる仕分け方とは別に、難易度×効果の高低に着目してマトリクスをつくり、優先順位をつけていく方法もあります。横軸に**難易度の高低**、縦軸に**効果の高低**を設定し、4つの箱をつくります。原則として、効果の高いものから優先して取り組んでいきましょう。箱でいうと、**①難易度・低×効果・高、②難易度・高×効果・高、③難易度・低×効果・低、④難易度・高×効果・低**という順になります。

難易度の高い仕事は、やりがいがあり、優先して取り組むべき仕事のように感じますが、効果を**売上**に置き換えて考えてみると、難易度が低くて、売上が大きい仕事があるときは、そちらを優先したほうが効率的で成果も得やすいことがわかります。難易度の高いものに時間を費やすよりも、「①難易度・低×効果・高」の箱にあるものを手早く、確実に処理していくべきなのです。

◎難易度＝時間、すなわち時間対効果を考える

では、**難易度**は何を基準に判断すればよいのでしょうか。これは、**時間**に置き換えて考えるとイメージしやすくなります。難易度が低くて、効果の高い仕事は、時間をかけずに高い効果が得られる仕事になります。優先して処理していくことで仕事のパフォーマンスが向上するのは明らかです。

また、**効果**の基準は、その仕事を実施することで「残業時間が減る」「コストが減る」「マンパワーが減る」など、経営資源といわれる**「時間・ヒト・モノ・カネ」**の増減具合をベースに考えるとわかりやすいでしょう。

難易度や効果の判断については、慣れるまでは上司に確認をとり、アドバイスをもらいながら決めていくといいでしょう。そのうえで、先述した重要度×緊急度のマトリクスと合わせて仕事を振り分けていくようにすれば、より明確に優先順位をつけていくことができます。

難易度×効果による優先順位の例

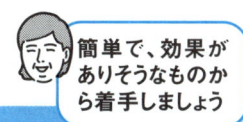

簡単で、効果がありそうなものから着手しましょう

効果 高 / 低　難易度 低 / 高

1 過去に受注実績のある提案（予算2000万円）

2 今まで提案したことのない企画（予算5000万円）

3 過去に受注実績のある提案だが、予算が安い（予算50万）

4 今まで提案したことのない企画で、予算が安い（予算500万）

- ●**難易度の判断基準**（低い順）
  受注実績がある ➡ 実績のない新規提案企画 ➡ 時間がかからない ➡ 時間がかかる
- ●**効果の判断基準**（低い順）
  予算50万円 ➡ 予算500万円 ➡ 予算2000万円 ➡ 予算5000万円

デキる社会人のためのポイント！

① 難易度×効果のマトリクスを使い、仕事を振り分けよう！

② 難易度が低く、効果の高いものを優先して取り組もう！

● Chapter 6／デキる社会人の仕事術①基本編

14 仕事の性格に合わせて取り組む

◎すぐに処理できる「サッサとタスク」はためこまない

ある新入社員研修で、今抱えているタスク（やるべきこと）を洗い出し、それぞれの所要時間を計算してもらいました。すると、ある受講者の場合、20個程度あったタスクのうち、数日以上かかりそうなものは5個だけで、残りは5〜10分もあれば終えられるものがほとんどでした。

本人いわく、「時間や手間のかかるタスクにかかりきりになっているうちに、簡単に処理できるタスクに着手できないままでおり、気がついたらたまっていた」とのことでした。重要度の高いタスクに取り組んでいても、**時間をかけずにすぐに処理できるタスク＝サッサとタスク**であれば、それらの処理を優先し、どんどん片づけてしまいましょう。**サッサとタスクはためこまない**ようにするのがポイントです。

◎仕事の性格を把握したうえで取り組もう

サッサとタスクのように、仕事の性格が特徴的なものは、先述した「重要度×緊急度」のマトリクスや「難易度×効果」のマトリクスを使わなくとも優先順位をつけることができます。ここでは、仕事を大きく4つの性格に分けて考えます。それぞれの性格に合った取り組み方を押さえておきましょう。

1つ目は、先述したサッサとタスクに代表される**処理仕事**です。時間も手間もかからないものなので、あまり考え込まずに処理していきましょう。

2つ目は、じっくり考えながらでなければ進められない**考察仕事**。細切れにして進めていくことができれば、余裕を持って完了させることも可能です。

3つ目は、時間的にも体的にも制約を受ける**拘束仕事**です。事前準備を十分にする、空いた時間を活用するといった工夫をすれば効率化をはかることも。

4つ目は、事故やトラブルによって発生する**突発仕事**。いざというときの対処法を想定しておくこと（p.168）で対応力に大きな差が出ます。

仕事の4つの性格と取り組み方

処理仕事(サッサとタスク)
- □顧客への電話
- □メールチェックと返信
- □会議用資料のコピー(スキャン)

→ 優先して着手する。ためこまず、さばいていこう!

考察仕事
- □企画書作成（ゼロから着手する資料作り）
- □次年度の営業計画作成
- □上司との面談資料作成

→ 重要度、難易度の高いケースが多い。細切れにして取り組もう

拘束仕事
- □PCソフトのインストール
- □会議、客先での商談
- □出張(電車、飛行機での移動)

→ 待っているだけの時間は有効に使い、サッサとタスクをすませる、という手もある

突発仕事
- □上司からの急な作業依頼
- □顧客からの問い合わせ(クレーム)
- □サーバーダウン対応

→ 緊急度は高い。対応力は問われるが、優先的に処理する

デキる社会人のためのポイント!

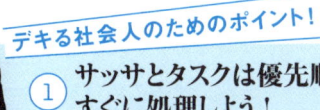

① サッサとタスクは優先順位に関係なく、すぐに処理しよう!

② 4つの仕事の性格を把握したうえで、仕事を整理する。

● Chapter 6／デキる社会人の仕事術①基本編

15 標準時間を意識してスピードアップ

◎よくやる仕事の所要時間を把握し、標準時間とする

　ある程度仕事に慣れてくると、自分が実施する仕事のなかで、毎日・毎週・毎月などの**決まったペースでやるタスク**というのが出てきます。

　たとえば、社内会議用の資料作成、見積書の作成、精算書の作成などがよくやる仕事である場合、それらを処理するのにどれくらいの時間がかかっているのかをチェックしてみましょう。すると、資料作成については2～3時間、見積書の作成は1時間、精算書の作成は30分、といったおおよその所要時間が見えてきます。それらの時間を自分の標準時間とし、スケジュール設計の際に使うようにすれば、より正確なスケジューリングが可能となります。

　また、それぞれのタスクの**標準時間**を把握できるようになると、ちょっとした空き時間が生じたときに、その時間に見合った仕事を入れ込むことができるようになり、限られた時間をフル活用できるようにもなります。

◎標準時間を徐々に短縮していく

　標準時間の把握は大切です。しかし、もう1つのポイントは**その時間をいかに短縮していくか**にあります。先輩や上司がどの程度の時間をかけて行っているのかをチェックし、同じくらいのスピードで仕事を進められるようにしていきましょう。スピード化によって浮いた時間を別の作業にあてることができるようになれば、仕事の効率はさらにアップします。

　業務に慣れることで自然とスピードが上がっていくというだけでなく、作業の無駄を省く、効率的な作業方法を取り入れるなど、いろいろと工夫をしながら取り組んでいくことが必要です。たとえば、メールの作成というタスクにかかる標準時間が10分である場合、タイピングのスピードが速くなることに加えて、ショートカットキーや単語登録（p.190）を活用するといったことにも取り組めば、8分、5分と短縮していくことが可能となります。

標準時間を短縮していくコツ

例) 顧客への見積書作成の場合

標準時間を知る！
自分がどのくらいの時間を使っているかを計る。
→ 作業時間 1時間

標準時間×0.8
ちょっとした工夫で2割くらいはすぐに短縮できる。
→ 作業時間 45〜50分
（一度使ったフォーマットを利用して短縮！）

標準時間×0.5
慣れてきたら、標準時間の半分まで短縮することを目指す。
→ 作業時間 30分
（作成プロセスを理解し、作成スピードをアップ！）

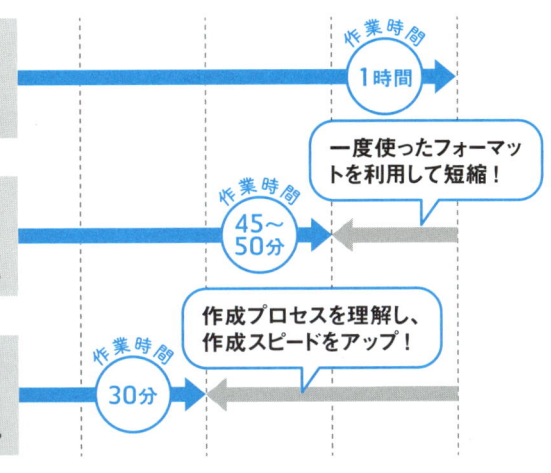

💡 上司や先輩からコツを聞き出すのも手！

- どのようなフォーマットを使っているんですか？
- 実際に使っていた資料、役に立った資料ってありますか？
- 先輩の作成プロセスを教えてもらえませんか？

休憩時間や取引先に同行するときなど、タイミングを見計らって、標準時間を短縮させていくコツを上司や先輩に質問してみよう。

デキる社会人のためのポイント！

① よくやるタスクの所要時間を調べて把握する。

② タスクの標準時間を徐々に短縮し、仕事のスピード化をはかろう！

● Chapter 6／デキる社会人の仕事術①基本編

16 想定の範囲を広げ、トラブルをなくす

◎最初は想定の範囲外ばかり

　ある企業の新人研修の終了後、彼らが主催するお花見に招かれました。ところが、会場である公園に向かおうとしたところでまさかの大雨。幹事を担当していた新入社員の方たちはすっかり慌ててしまい、かわいそうなくらいに冷や汗をかいていました。結局、先輩社員がこっそりと居酒屋を手配していたことによって事なきを得たのですが、これは新入社員にとって想定外だった大雨も、先輩社員にとっては想定の範囲内の出来事であったことをうかがわせる典型的な事例といっていいでしょう。

　突発的なトラブルや対応事項は、仕事においても発生します。とくに新入社員の段階では、何もかもが**想定の範囲外**といっていいでしょう。電話の緊急応対、顧客からのクレーム、電車の遅延などのさまざまな突発事項がありますが、突発が頻発すればもはや突発とはいえません。自身のなかでの**想定の範囲を広げることで対応**していかなければなりません。

◎予防リストと対応リストを作成しておこう

　想定の範囲を広げるうえで有効なのが、トラブルを防ぐための**予防リスト**と、トラブルが発生してしまった場合の**対応リスト**を作成しておくことです。

　クレームや事故が発生したときのマニュアルを完備している会社もありますが、大事なのは**自分自身のトラブル予防・対応リストを作成すること**です。

　トラブルの内容とともに、実際に有効だった対処やとるべきだったと思われる対応策について整理しておきましょう。さらに、再発を防ぐためにはどうすればよいのかも考えておくことで、同じようなトラブルには巻き込まれにくくなります。自分の身に起こったトラブルについては、どんな些細なことも記録しておくようにしましょう。トラブルに遭遇したときの対応パターンが蓄積されるほど、突発事項に直面したときの対処力が備わっていきます。

想定の範囲を広げるコツ

① トラブル予防・対応リストをつくる

[リストの例]

> 発生したトラブルはできるだけ詳しく記録に残し、対処法、予防法を併記することで、同じトラブルが発生しないようにしよう

いつ	発生したトラブル内容	有効だった対処法	再発を防ぐには？
11月24日	お客様からのクレーム	冷静に内容を確認	納品時のお客様サポートを強化する
12月1日	上司からの突発的な仕事の依頼	どれくらい急いでいるのか緊急度を確認	タスク管理表を上司と共有
1月10日	ホームページの表記ミス	Web担当者に修正依頼	アップする前の仮ページを二重チェック

② リストをもとに再発防止策を考える

対自分
自分の行動にミスはなかったか？

対相手
相手・関係者のほうにミスはなかったか？

対環境
業務フローに問題、不備はなかったか？

リストを作成したら何度も振り返り、「Why？」を探求して、再発防止策を考えよう。つくりっぱなしでは、意味がない。

デキる社会人のためのポイント！

① 発生したトラブルは、できるだけ詳しく記録する！

② トラブルの原因を追究し、予防法を考えておこう！

● Chapter 6／デキる社会人の仕事術①基本編

17 自分なりの成功方程式を持っておく

◎仕事をうまく進められているときの自分の状態を知る

　仕事では、ミスをしたり、上司に怒られたりといった負のスパイラルに陥ってまったく抜け出せないといったことがよくあります。このようなサイクルにはまったときは、**自身がどういったときに前向きに仕事を進めることができていたのかを分析してみる**といいでしょう。

　私の場合、①自分のためでなく、誰かの"ありがとう"を少しでも多く集めたいという思いがある、②誰もがやれる仕事ではないという誇りを持って取り組めている、③まわりを巻き込んでも絶対にやりきるという強い意志を持てている、この3つの思いが充実しているときは、いつも以上に頑張ることができていると気がつきました。ここでは、**自分なりの仕事の原動力を発見する**ことがねらいです。

◎成功方程式のなかで大事なのは"自分の思い"

　仕事でのレベルアップとともに、自身の成長を促すためには、仕事そのものに対する事後検証を実行することはもちろん、あなたが「どんな思いを持って」「どのような仕事を」「どのように進めたら」成功させることができたのかをパターンとして知っておくことが必要です。これを式で表すと、**「仕事の成功＝自分の思い×仕事の内容×進め方」**となります。失敗したことよりも、調子よく仕事を進めることができたときの状況に着目した方程式となっています。うまくいかないときには、この方程式を思い出して、自身の行動を振り返り、何が足りていないのかを考えてみてください。

　式からもわかる通り、どんな仕事も**"自分の思い"**がなければ、ただの機械的な作業になってしまい、仕事をやり終えたときに何の達成感も得られません。仕事での頑張りや成功は、自信につなげることではじめて大きな意味をもたらします。"自分の思い"という部分を、ぜひ大切にしてください。

仕事を成功させるためのコツ

● 自分の成功方程式をつくってみる

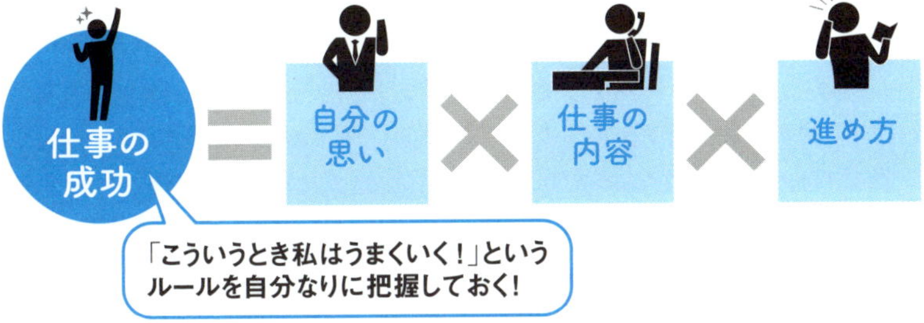

仕事の成功 ＝ 自分の思い × 仕事の内容 × 進め方

「こういうとき私はうまくいく！」という
ルールを自分なりに把握しておく！

● 人の成功体験を聞く

先輩は、どういったときにうまくいったと感じますか？

自分のアイデアがかたちになったものを見るたびに、いつも「やった！」と叫びたくなるくらいうれしくなるの

お客様に「ありがとう」って言われると、次はもっと頑張ろうってやる気がわいてくるよ

人の成功体験を参考にすると、自分がどうすれば頑張れるのかが見えてくる。まずは、身近な先輩たちから話を聞いてみよう

先輩Aさん　　先輩Bさん

デキる社会人のためのポイント！

① 仕事がうまくいくときの状況を分析し、自身の仕事の原動力を知ろう！

② 仕事に対する"自分の思い"を持っておく。

● Column ⑥

常に言葉の定義を考えてズレのないコミュニケーションをとる

　140ページで述べた目的と目標の違いのように、ふだん使い慣れた言葉でも、意味をおおまかにしか把握していない場合があります。また、同じ言葉でも、人によってとらえ方が違うことはたくさんあります。

　ビジネスの世界ではいつも、**この言葉の定義は何か**、を意識するようにしましょう。言葉の定義が曖昧だと他者との認識がズレやすく、話がかみ合わなくなるからです。友達同士ならば許されることでも、仕事が絡むと「アバウトでOK」がトラブルのもとになることがあります。とくに単純な言葉ほど、関係者間できちんと共通認識を持つ必要があるでしょう。

　たとえば、ビジネスの現場でよく使われる「共有」という言葉。何をもって共有とするのかをはっきり定義しておかないと、周囲とのコミュニケーションにズレが生じてしまいます。「どのような方法・ツールで共有するのか」「どこまで共有するのか」「どのような内容をどのタイミングで誰と共有するのか」など。職場に配属されたら範囲や細かさについて、職場やチームにおける共通認識を早くつかむことが大切です。

　このように言葉ひとつに対しても、相手と自分の定義にズレがないかを常に確認し、ビジネスシーンにおける言葉のキャッチボールを進めて行きましょう。

週１回、営業の進捗（しんちょく）状況を共有できるようにしておいてくれ

共有の範囲の確認

はい、それは私の分のみですか？　うちの部署全員分ですか？

Chapter 7

デキる社会人の仕事術②
ステップアップ編

Keyword

☐ 仕事の仕組み化
☐ 年カレンダーと週カレンダー
☐ 周囲に拘束されない日をつくる
☐ パソコンでの資料整理
☐ 紙書類の整理
☐ 企画書
☐ ショートカットキーと単語登録

● Chapter 7 ／デキる社会人の仕事術②ステップアップ編

1 ムダを減らすために仕事を仕組み化する

◎わずかなロスから減らす工夫をする

　メールのチェックや返信、送付資料に添える送り状の作成など、業務のなかには同じような作業が数多くあります。毎回とにかく来た順にメールを受信・チェックしたり、返信文や送り状の文面をゼロから作成したりしていたら、どうなるでしょうか？　もし、1日10分のロスがあった場合、年間で3650分＝約2日半もロスが発生していることになります。

　このようなもったいない時間のロスを減らしていくために、仕事の**仕組み化**を実践してみましょう。

◎仕事の仕組み化を実践する

　仕事を仕組み化する工夫例を3つほど紹介します。

　1つ目は、よく作成するメール・書類について、**文面のひな形（テンプレート）をつくっておくこと**です。たとえば、会議案内用・議事録メモ用・資料送付連絡用など、用途に合わせてひな形を作成しておきます。そのひな形を送付先などに応じて部分的に変えることで、ゼロから文面を作成する手間を省くことができます。

　2つ目は、**メールフォルダを細かく分ける**ことです。部署ごとや取引先ごとなど、自分が使いやすいように自動で振り分ける設定にしておくことで、優先順位に合わせたメールのチェックができるようになります。

　3つ目は、**1日6時間としてスケジュールを組んでみる**ことです。1日8時間勤務の場合、2時間の余りが生まれます。この時間を突発的な業務への対応や、仕事の前倒しにあてるのです。また、これまで8時間かけていた仕事の流れを圧縮する必要があるため、スピードアップや無駄の削減が自然と求められます。たかだか5分、10分くらいと甘く見ず、わずかなロスをなくしていく工夫を実践し、大きな効率化につなげてください。

仕事を仕組み化するコツ

●取引先ごとなどで細かくフォルダ分けする

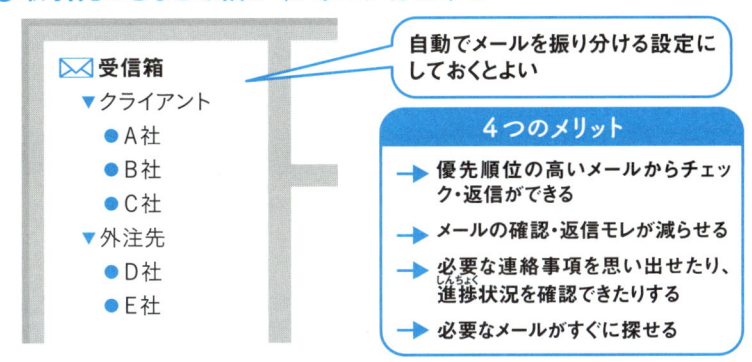

✉受信箱
▼クライアント
　●A社
　●B社
　●C社
▼外注先
　●D社
　●E社

自動でメールを振り分ける設定にしておくとよい

4つのメリット
→ 優先順位の高いメールからチェック・返信ができる
→ メールの確認・返信モレが減らせる
→ 必要な連絡事項を思い出せたり、進捗状況を確認できたりする
→ 必要なメールがすぐに探せる

●1日6時間としてスケジュールを組む

ざっくりとした管理ではなく……

AM	メールチェック
	A社提案書作成
	A見積書作成
PM	B社訪問 （13:00〜）
	移動
	C社訪問 （16:00〜）
	帰社

切り詰めて予備時間をつくる

9:00	メールチェック
9:30	A社提案書作成
10:00	A社見積書作成
10:30	移動
11:00	B社訪問
11:30	
12:00	移動
12:30	ランチ
13:00	C社訪問
13:30	
14:00	帰社
14:30	メールチェック
15:00	予備時間
15:30	
16:00	
16:30	
17:00	

予備時間は他の仕事を進める時間にあてよう

デキる社会人のためのポイント！

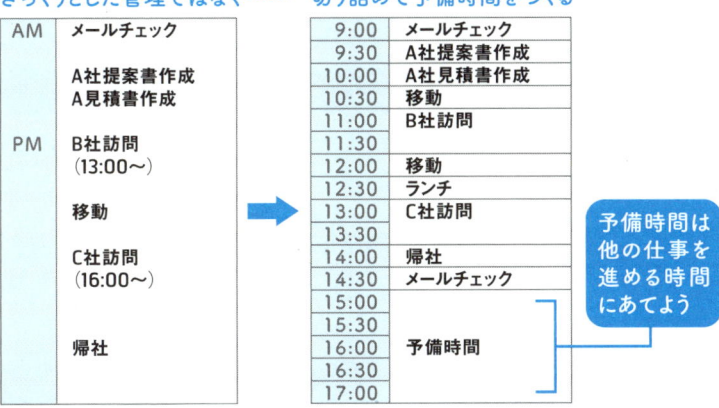

① 1日10分でも大切に、わずかなロスをなくす工夫をしよう！

② 仕事の仕組み化で、生産性アップを目指そう！

● Chapter 7／デキる社会人の仕事術②ステップアップ編

2 年カレンダーと週カレンダーを確認する

◎年間と週間の予定を常に確認するクセをつける

　新人のうちは、目の前の仕事でいっぱいになってしまいがちです。そして気がつくと、「明日、締め切りの資料作成が未着手だった」などといって、焦って対応する場面はよくあります。

　そうならないために、毎日の出社時や退勤前に、**年間と週間の予定をチェックする時間をとる**ようにしましょう。年間予定は会社や部署から出されている場合が多く、社内総会や月例会議、顧客への納品日など、会社の行事や区切りとなる大きな予定が示されています。会社や部署でどう動いていくのかを把握し、共有することができます。

◎前後3週間の予定を把握して動く

　週間予定は、だいたい**前後3週間の予定を常に確認する**クセをつけましょう。3週間先まで確認しておけば、資料作成や商談日の調整などといった先々の予定を、余裕を持って進められるようになります。

　このとき、一気にやろうとせず、少しずつでも進めておく意識が大切です。たとえば、1ヵ月後に営業報告の会議があるとします。取引先ごとに進捗状況、取引金額、問題点などの報告事項をまとめるには、時間がかかるものです。また、他部署に確認すべき事項が出てきた場合、すぐに返事をもらえるとは限りません。早めに手をつけておけば、関係者への確認事項があった場合でも、先回りして対応できます。

　また、**すでに消化した予定を確認する**ことも大切です。たとえば、終わった会議で何か宿題はなかったか、訪問した営業先にフォローの電話をする必要はないかなど、残っている仕事を見落とさずにすむからです。

　仕事のヌケやモレをなくすために、また効率よく仕事をこなしていくために、年間と前後3週間の予定をこまめに確認するようにしましょう。

計画的に作業を進めるコツ

例) 3週間後に企画書（一部分）の締切日があったとき

スタート 3週間先までの予定を確認する

作業時間
- 15分　企画書に盛り込む要素をピックアップ
- 5分　必要に応じて、事前に他部署・他社に確認をとる

販売促進企画の提案書、3週間後に提出だ！

予定を確認

1週間後 企画書作成開始

- 30分　企画書の前半部をざっくりとまとめる
- 15分　企画書の後半部をざっくりとまとめる

オリジナルTシャツを2000枚程度つくりたいんですが、いくらぐらいかかりますか？

他社に事前確認

2週間後 企画書の見直し、仕上げ

- 15分　ざっくり作成した企画書を見直して精査し、修正する
- 10分　最終確認して、完成！

所用時間 **90分**

余裕を持って計画的に進めたので、効率的に完成させることができた！

できた！

3週間後 上司に提出

企画書完成

デキる社会人のためのポイント！

① 年間予定と前後3週間の予定をこまめにチェックしよう！

② 大切な仕事は少しずつでも進めて、慌てないようにしよう！

Chapter 7　段取り

● Chapter 7／デキる社会人の仕事術②ステップアップ編

3 周囲に拘束されない日を意図的につくる

◎どうして毎日仕事に追われてしまうのか

やることがやたらと増えたり、人から頼まれたものの対応に追われたりと、どうしても仕事にあふれが生じることがあります。

とくに営業職など外出予定が多い人は、移動や商談だけでかなりの時間を使ってしまい、資料作成や書類整理などは会社に戻ったあと、残業して終わらせるというケースも少なくありません。

このような仕事の進め方では毎日のように居残ることになってしまいますし、頭も体もクタクタに疲れてなかなか仕事の効率も上がらないでしょう。

忙しくなってしまう大きな要因は、商談や社内会議などに時間を拘束されてしまい、**1人で仕事に集中できる時間が減ってしまうから**です。

◎自分の仕事に集中できる日をつくろう

そこで、**1週間に1日は周囲に拘束されない日をつくる**スケジューリング術を実践してみましょう。自分の仕事に集中できる日を、意図的につくるのです。個人作業を一気に処理する作業日とすることで、集中して仕事をさばくことができます。

スケジューリングのポイントは、**あらかじめどの時間でどの作業をするのかを決めておく**ことです。社内のスケジュール表にも、「私はこの時間にこの仕事をしています」と予定を書き込んでおくとよいでしょう。周囲もあなたの状況を共有でき、配慮しやすくなります。この方法は、外出予定が少ない内勤職の人にも有効で、仕事の効率化につながります。

ぜひ、新入社員のうちから自分の専用時間を意識してスケジュールを組んでみましょう。仕事の効率がグッとアップし、急に発生した仕事にも余裕を持って対応できるようになります。

周囲に拘束されない予定の組み方例

通常業務日

- 9:00 出社 メールチェック
- 9:30 移動
- 10:00 C社訪問
- 11:30 ランチ会議
- 12:30 移動
- 13:00 D社訪問
- 14:00 移動
- 15:00 E社訪問
- 16:00 移動
- 17:00 帰社&メールチェック 社内で書類整理
- 18:00 退社

> 外出予定や会議などが多いと、個人で進める仕事に集中する時間がなかなか持てない

拘束されない日

- 9:00 出社 メールチェック
- 9:15 **●業務処理の時間**
  - □ 訪問した顧客にフォローの電話
  - □ 訪問予定の顧客にアポイントの電話
  - □ 精算する経費のまとめ
- 11:00 **●情報収集の時間**
  - □ 競合企業の情報をチェック
  - □ 業界誌をチェック
- 12:00 ランチ
- 13:00 **●資料整理・納品準備の時間**
  - □ 使用済み紙書類の整理・処分
  - □ A社向け提案書の作成
- 16:00 **●新企画思案の時間**
  - □ 企画のネタをリサーチ
  - □ アイデアを自由に書き出す
- 18:00 退社

> **コツ** 時間を要する企画書作成など、集中してこなしたい仕事を優先的に入れるといいよ

デキる社会人のためのポイント！

① 週に1日は周囲に拘束されない日をつくろう！

② 個人作業をする日は段取りを事前に決めて、一気に仕事をさばこう！

● Chapter 7／デキる社会人の仕事術②ステップアップ編

4 パソコンでの資料整理のポイントとコツ

◎YMDのルールで日付をつける

　時間のロスをなくしたり、業務のスピードアップをはかったりするためには、書類の整理方法も大切なポイントです。たとえば、パソコンに資料を保存する際、ファイル名を「会議議事録」や「参考資料」だけにしているとどうでしょうか？　いざ必要なファイルを探すとき、いちいち開いて内容を確かめる手間がかかってしまいます。急に上司や顧客から商品情報や見積金額などを尋ねられたとき、すぐに見つからずにあたふたした応対をしてしまうと、悪い印象を与えてしまうかもしれません。

　そこでおすすめなのが、**YMD（Year, Month, Day）に沿ってファイル名をつける**ことです。たとえば、「20121208会議議事録」とすると、いつ行った会議の議事録なのかがひと目でわかります。さらに、「会議議事録フォルダ」を作成してファイルをまとめておくと、時系列に沿って一覧表示されるので、必要な資料をすぐに探すことができます。

◎記号のルールで属性に合わせて分類する

　日付の他に、**属性（資料の性質）ごとに記号を使って分類する方法**も有効です。たとえば、★＝重要、●＝参考回覧、▼＝自部門の資料、▽＝他部署の資料、○＝外部からの資料などのようにルール化します。「★20120815A社向け提案書」というファイル名にすれば、いつ作成し、どんな内容で、どんな属性か（重要なのか、参考程度なのかなど）が一目瞭然になります。

　なお、パソコン上での資料整理は、**仕事ごとにフォルダを作成し、該当するファイルをまとめておく**ことがおすすめです。仕事ごととは、たとえば「A社案件」「会議資料」「自社商品資料」などです。その各フォルダに、日付と属性のルールに沿ってつけたファイル名の資料をまとめておけば、資料の検索性は飛躍的に上がります。

ファイル名のつけ方を工夫する

●NG例：内容や作成日がわかりにくいファイル名

ファイル名
Presentation

何の資料だっけ？

ファイル名
打ち合わせ(^_^)

絵文字は必要なかったな…内容がわからない

ファイル名
1001会議資料

10月1日？2010年1月？何の会議だっけ？

ファイル名
★☆重要☆★

何が重要なんだっけ？

●OK例：YMDのルールでつけたファイル名

ファイル名
120903A社提案資料

一目で、2012年9月3日にA社へ提案した資料だとわかるぞ

ファイル名
H241128営業会議資料

これは平成24年11月28日に行った営業会議の資料だな

✨ Level up!

例 ▼120506B社キャンペーン企画書Ver.3.0

同じ資料を改訂していく場合は、Ver.などと表記してわかりやすくするとよい。

デキる社会人のためのポイント！

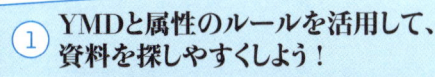

① YMDと属性のルールを活用して、資料を探しやすくしよう！

② 仕事ごと→日付・属性の順で整理して、検索性を上げよう！

● Chapter 7／デキる社会人の仕事術②ステップアップ編

5 紙書類を整理する ポイントとコツ

◎紙書類は増やさない・ためない

　紙の書類については、基本的に1～2週間に1度は整理し、くれぐれも机などに山積みにならないようにしましょう。机の上や引き出しに書類があふれてしまって重要書類を探し出すのに1時間以上かかったり、領収書の精算漏れをしてしまったり……などはよくある失敗談です。

　私の場合、すべての紙書類はいったん机の収納フォルダ（マザーボックス）に時系列順でしまっておき、定期的に整理するようにしています。具体的には、必要なものはスキャンしてデジタル保管（パソコンに保存）し、それ以外のものは処分しています。会議や商談で使用した紙書類にとったメモがあっても、スキャンするかメールなどに書き写しておけば、処分して問題ありません。

　このように**できるだけ紙書類を身のまわりに増やさないようにし、定期的に処分していく**ことが重要です。

◎収納フォルダを使い分けて仕分け・保管をする

　収納フォルダを利用して紙書類を保管する場合は、**①利用中、②とりあえず保管、③保管、④処分の4つの箱をつくる**ことがおすすめです。

　①利用中……使用中の資料や日々仕事する際に必要な資料を入れる。
　②とりあえず保管……常に使わないものの、保管の必要があるかどうかはわからない資料を入れる。処分期限を決めて、保管の必要がないとわかれば④処分フォルダに入れるか、そのまま処分する。
　③保管……常に使うことはない資料で、保管が必要な資料を入れておく。
　④処分……必要がなくなり、処分してよい資料を入れておく。

　実際に処分する際は、デジタル保管との合わせ技を使うことで、**必要な情報を紛失することなく、無駄のない仕分け・保管ができる**ようになります。ぜひ、実践してみてください。

1＋4つのボックスで紙書類を整理する

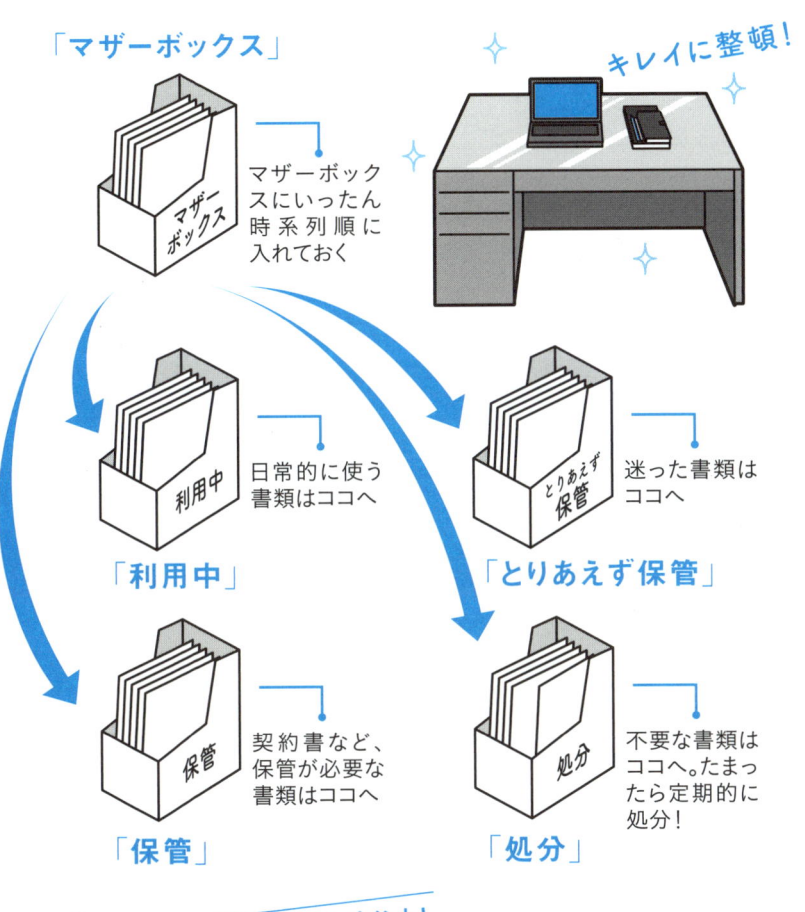

「マザーボックス」

マザーボックスにいったん時系列順に入れておく

キレイに整頓！

「利用中」
日常的に使う書類はココへ

「とりあえず保管」
迷った書類はココへ

「保管」
契約書など、保管が必要な書類はココへ

「処分」
不要な書類はココへ。たまったら定期的に処分！

デキる社会人のためのポイント！

① 紙書類を増やさないように、工夫しよう！

② 1＋4つの箱で、ムダ・ヌケ・モレのない保管をしよう！

● Chapter 7／デキる社会人の仕事術②ステップアップ編

6 企画書作成のコツ（基本編）

◎そもそも企画書とは何か？

　社会人になると、さまざまな資料作成の機会があります。計画書、提案書、稟議書などがあり、総称して企画書といいます。企画書とは、いわば**相手にきちんと言いたいことを伝えるためのラブレター**です。ラブレターを書くとき、どうすれば自分の思いが伝わるか、どうすれば"Yes"と答えてくれるかを一生懸命考えるでしょう。企画書も、まったく同じです。

◎魅力的な企画書にする３つのポイント

　企画書をつくるときのポイントは３つあります。
　１つ目は、**課題解決の要件を満たしていること**。たとえば、顧客向けに資料を作成する際、企画の目的から期待できる効果まで、「こうすることであなたの悩みや課題が解決できますよ」という提案になっていることが大事です。
　２つ目は、**相手が「おもしろい」「やってみたい」と思える内容にすること**。企画に目新しさがある、相手にとって明確なメリットがある、低コストで実現できるなど、相手のモチベーションを刺激する内容にして、相手に"Yes"と言ってもらえるようにしましょう。
　３つ目は、**相手のニーズに沿っていること**。企画提案は基本的に相手が悩みを抱えていたり、要望があったりしてはじめて行われるものです。ただあなたがやりたいからでは、よい企画書にはなりません。
　具体的には、**5W2H**というフレームで考えるとつくりやすくなります。What（何をやるのか）、Why（なぜやるのか）、When（いつやるのか）、Who（誰がやるのか）、Where（どこでやるのか）、How（どのようにやるのか）、How much（コストはどれだけか）を押さえて企画を考えると、上の３つのポイントを盛り込みやすくなります。

企画書の特徴とつくり方の基本

●主な企画書の種類と特徴

- **計画書** → プロジェクトの趣旨、内容、予定、予算などをまとめたもの。
- **提案書** → 顧客に向けた商品・サービス企画を説明するための資料。
- **稟議書（りんぎしょ）** → 関係者に回覧し、承認を求めるための資料。

●5W2Hのフレームを使ったつくり方
【旅行ツアー企画の場合】

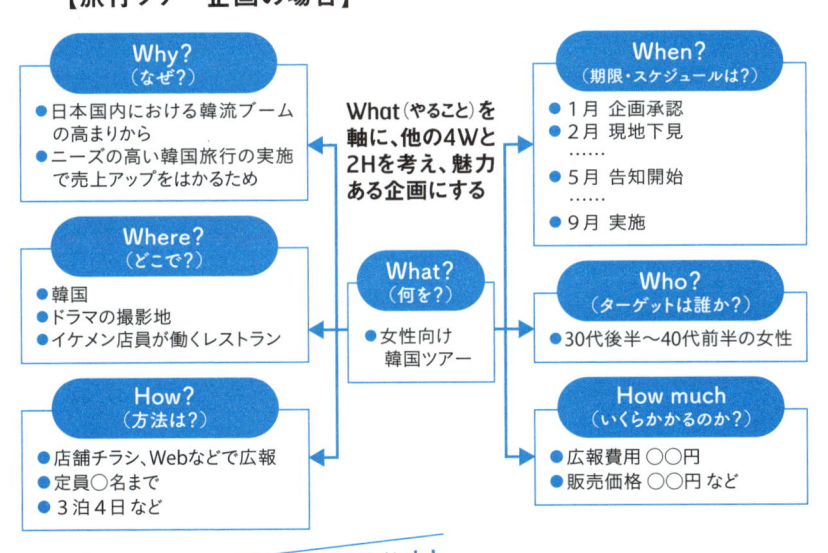

What（やること）を軸に、他の4Wと2Hを考え、魅力ある企画にする

What?（何を？）
- 女性向け韓国ツアー

Why?（なぜ？）
- 日本国内における韓流ブームの高まりから
- ニーズの高い韓国旅行の実施で売上アップをはかるため

Where?（どこで？）
- 韓国
- ドラマの撮影地
- イケメン店員が働くレストラン

How?（方法は？）
- 店舗チラシ、Webなどで広報
- 定員○名まで
- 3泊4日 など

When?（期限・スケジュールは？）
- 1月 企画承認
- 2月 現地下見
  ……
- 5月 告知開始
  ……
- 9月 実施

Who?（ターゲットは誰か？）
- 30代後半～40代前半の女性

How much（いくらかかるのか？）
- 広報費用 ○○円
- 販売価格 ○○円 など

デキる社会人のためのポイント！

① どうすれば自分の思いが伝わるか、"Yes"と答えてくれるかを考えよう！

② 5W2Hの7つを押さえて、相手にとって魅力的な提案に仕上げよう！

Chapter 7 企画書

● Chapter 7／デキる社会人の仕事術②ステップアップ編

7 企画書作成のコツ（応用編）

◎企画書は通らなければ意味がない

　企画書は、いくら時間をかけて作成しても、承認・採用されなければ意味がありません。**一番大切なのは、"通る"企画書にする**ことです。
　そのためには簡潔でわかりやすく、論理的な企画書が求められます。ポイントは、次の2点です。
　①見出し（メッセージ）と内容を一致させる：見出しと内容がちぐはぐだと、相手はあなたの言いたいことがわからず、混乱してしまいます。
　②結論・主張を先に、理由・背景を後に記述する：「〜とします。なぜなら〜」という流れで作成すると、理解しやすく、説得力が増します。
　また、説得力をアップさせるために、主張する理由・背景に**客観的な事実（調査結果、データなど）を用いる**ようにしましょう。数字などに裏付けられた客観的な事実は、もっとも高い説得力を持っています。

◎図解表現を活用し、イメージしやすくする

　企画書は、文章ばかりにならないようにする配慮も必要です。しっかり読んでもらえず、意見・主張が伝わらない可能性があるからです。
　そこで、図解表現も活用しましょう。たとえば、**モノの流れを図示したステップや比較などを図示したマトリックス**などは、よく使われる図解表現の例です。文章に合わせて図解表現を使うと、相手はビジュアル面からも提案内容を理解しやすくなります。
　また、企画書を通すためには、事前にキーマン（決定権を持つ人など）に相談し、当たりをつけておくことも重要です。何かの承認を得るための社内会議であれば、課長や部長などの関係者へ事前に相談・共有をしておき、会議でスムーズにOKがもらえるようにしておくのです。どうしたらこの企画が通るかを常に意識して、企画書の作成に臨んでください。

図解表現の活用例

●流れを示すステップ
（例：営業における業務の流れを表す）

顧客へのアポイント → 顧客を訪問 → 提案書、見積書を作成 → 受注 → 納品、フォロー

> 計画の流れ、段階などを表現したいときに便利なの

●比較を示すマトリクス
（例：Twitterとブログを比較する）

	メリット	デメリット
Twitter	短い文言で端的に、また気軽に発信できる	写真や図などを多用できず、詳細に伝えることは難しい
ブログ	写真や図を多用でき、長文で詳しく発信することができる	Twitterに比べて作成に時間がかかる

> 競合商品・サービスなどについて、メリット・デメリットなどを比較したいときに有効だよ

デキる社会人のためのポイント！

① どうすれば"通る"企画になるか、を考えよう！

② 客観的事実を理由・背景にして、説得力を高めよう！

● Chapter 7／デキる社会人の仕事術②ステップアップ編

8 企画書レイアウトのコツ

◎いかにメッセージを明確に伝えるかが大切

　実際にパワーポイントを使って、企画書を作成するときのポイントを見ていきましょう。一番大切なのは、**シート1枚につき、言いたいこと・メッセージを1つにする**ことです。あれもこれもと詰め込むと、もっとも言いたいことが伝わりにくくなってしまいます。

　また、見やすさを重視し、相手がどういう順序で企画書を見るのかを意識しましょう。たとえば横組みでつくる場合、左から右、右から左下という流れでレイアウトすると見やすくなります。

◎提案内容に合わせてレイアウトする

　具体的なレイアウトのポイントは、**①テキスト・図の配置**、**②文章の長さと行間**、**③フォント**です。

①テキスト・図の配置……テキスト・図を小さくして余白を多めにとると、落ち着きがあり、大人っぽいデザインに見える。反対に、余白を少なくすると、迫力のあるデザインになる。

②文章の長さ・行間……文章の1文1文を短くすると、テンポが生まれて読みやすくなる。行間をあけると叙情的・女性的なイメージに、行間を詰めるとスピード感があり、男性的なイメージになる。

③フォント……基本的に1つの企画書では、すべて同じフォントを使用する。明朝体は、落ち着きやレトロ感を与えてくれる。ゴシック体は無機質さ、涼しさなどを与えてくれる。1文のなかでフォントサイズを変える場合は、漢字を大きめに、ひらがなを小さめにすると見栄えがよくなる。

　さまざまなレイアウト方法がありますが、**自社の商品・サービスや提案内容に合わせて、適したテキスト・図の配置や文章、フォントの使い分け**ができるようになれば、企画書の完成度は格段にアップします。

> 対象によるレイアウトの使い分け例

●「男性向け香水」の新商品企画資料のイメージ

企画コンセプト

コンセプトは
「男、爽快」

①テキストの配置：
余白を少なめにして、迫力を出している
②文章の長さと行間：
文章は短くし、行間を詰めて男性向けにしている
③フォント：
ゴシック体系のフォントで、無機質なイメージにしている

●「女性向け香水」の新商品企画資料のイメージ

企画コンセプト

「20代の素敵を、もっと素敵にする」

ニホンの女性がもっともっと

美しく、薫り高く生きられるように。

①テキストの配置：
余白を多めにして、落ち着きを出している
②文章の長さと行間：
文章はやや長めに、行間はあけて女性向けにしている
③フォント：
明朝体系のフォントで、落ち着いたイメージにしている

デキる社会人のためのポイント！

① メッセージを明確に示し、読みやすいレイアウトを心がけよう！

② 提案内容に合わせて、レイアウト方法を使い分けよう！

Chapter 7 企画書

● Chapter 7／デキる社会人の仕事術②ステップアップ編

9 便利なショートカットと単語登録を活用する

◎ショートカット機能を使う

　パソコンの**ショートカット機能**を知っていますか？　たとえば、ワードなどで作成した資料をプリントアウトしたいとき、「Ctrl」キーと「P」キーを同時に押すことで、すぐにプリントの画面が表示される機能のことです。他にもたくさんのショートカット機能があり、よく使われるものを右ページにまとめています。
　知っているだけでパソコンでの作業スピードがグンとアップしますので、ぜひ活用してみてください。

◎単語登録を活用しよう

　単語登録機能の活用も、時間短縮に有効です。1〜数文字を入力することで、事前に登録しておいた文章が一気に表示されるという機能です。活用例としては下のようなものがあり、文章作成のスピードが一気に上がります。
・「お」→「お世話になります、株式会社○○の松島です。」
・「か」→「下記のご連絡をいただき、誠にありがとうございます。」
・「こ」→「ご検討のほど、よろしくお願い申し上げます。」
・「じゅうしょ」→自社の住所
・「けいたい」→自分の携帯電話番号
　ウィンドウズOSのパソコンの場合、トップメニューの「ツール」から「単語の登録」を選択し、よく使う文章や単語を登録することができます。一気にたくさんの言葉を登録する必要はないので、「この単語・文章はよく使うな」と気づいたら登録するというようにして、登録数を充実させていきましょう。このように**さまざまな角度から時間のロス削減と仕事のスピードアップをはかる**ことが、デキる社会人に近づく手助けになります。

よく使うショートカット機能の例

●Windows OSの基本操作の場合

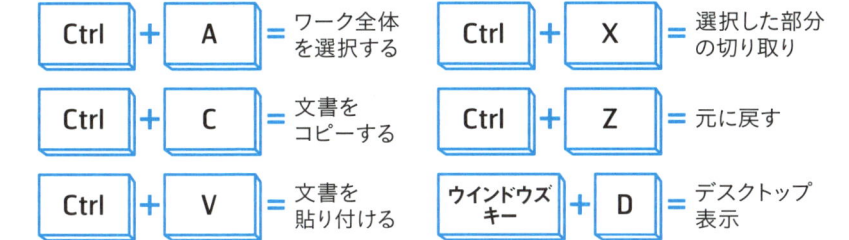

- Ctrl + A = ワーク全体を選択する
- Ctrl + C = 文書をコピーする
- Ctrl + V = 文書を貼り付ける
- Ctrl + X = 選択した部分の切り取り
- Ctrl + Z = 元に戻す
- ウインドウズキー + D = デスクトップ表示

●Word、Excelなどの場合

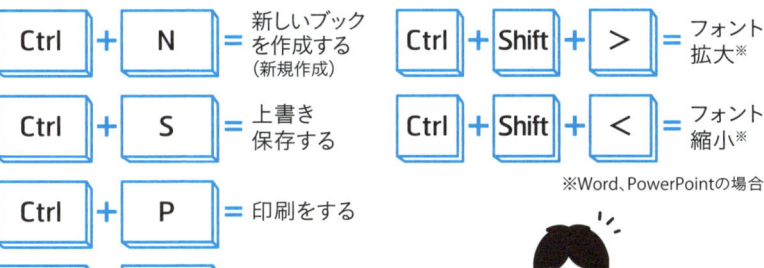

- Ctrl + N = 新しいブックを作成する（新規作成）
- Ctrl + S = 上書き保存する
- Ctrl + P = 印刷をする
- Ctrl + F2 = 印刷プレビュー
- Ctrl + F4 = ウインドウを閉じる
- Ctrl + Shift + > = フォント拡大※
- Ctrl + Shift + < = フォント縮小※

※Word、PowerPointの場合

デキる社会人のためのポイント！

① パソコンの短縮機能をフル活用しよう！

② さまざまな角度から時間のロス削減と仕事のスピードアップをはかろう！

Chapter 7 パソコン術

●Column ⑦

自分の気持ちと上手に付き合って モチベーションを管理する

　新社会人となった人からよく、「モチベーションが保てず、仕事をするのがつらい」「上司から叱責されるとモチベーションが下がり、会社に行きたくなくなる」といった悩みを聞きます。学生時代と比べて生活が変わったり、不慣れな仕事に追われたりすることによるストレスが大きな原因でしょう。

　そこで、モチベーション管理におすすめな2つの方法を紹介します。

　1つ目は、あえて**モチベーション管理を考えない**こと。言い換えれば、自分の気持ちはいったん置いて、淡々と自分の責務をこなすのです。人の気持ちには波があって当然です。それにも関わらず、モチベーションを理由に仕事を停滞させてしまっては、なかなか前へ進めません。そこで、完全に割り切って、とにかくプロセス通りに仕事をこなしていくことも一手です。やり通した達成感が自信になり、次へのモチベーションが自然と生み出されるでしょう。

　2つ目は、**パワーの源泉数を増やす**ことです。友人・知人に会って話をする、自分の好きなものを食べる、無心でジョギングして体をスッキリさせるなど、パワーの源泉になり得るものは無数にあります。また毎朝、満員電車に乗るのが億劫(おっくう)なのであれば、ピーク時をずらして乗ったり、1駅分歩いて電車に乗る時間を短くしたり、思いきって会社の近くに引っ越す方法もあります。仕事のためのモチベーションを仕事で生み出す必要はありません。どうすれば自分が集中して仕事に取り組めるのか、自分なりの方程式をぜひ探してください。

友人との会話 ＋ 好きな食事 ＝ 仕事のやる気

Chapter 8

仕事もプライベートも充実させるためのコツ

Keyword

- 仕事とプライベート
- 休日の過ごし方
- 部屋の片づけ
- 自炊
- 一流とは?
- デキる遊び方

● Chapter 8 ／仕事もプライベートも充実させるためのコツ

1 仕事とプライベートを分けない

◎プライベートな雑談が仕事につながる

社会に出ると、さまざまな人に出会う機会が多くなります。目上の人、初対面の人とうまくコミュニケーションをとれないことに悩み、仕事での自分とプライベートでの自分のギャップに戸惑う人もいるでしょう。そんなとき、「2つの自分はまったくの別物だ」と考える人が多いようです。

しかし、**そもそも「職場での自分はこうあるべき」と、ビジネスとプライベートを分けて考える必要はありません**。なぜなら、働くうえでプライベートな話をするのは、とても大事なことだからです。社内の人とのちょっとした雑談時に共通の趣味があれば、親近感がわきます。また、取引先の人と会話するときも同様で、私的な話をすることで距離が近づきます。プライベートを持ち出すことで、結果的に仕事が進めやすくなるのです。

◎ひるまずに、どんどん外に出よう

「社会人になるとプライベートの時間が減り、やりたいことができなくなる」と考える学生も多いようです。しかし、これは大きな間違いで、むしろ社会に出てひとり立ちすることが、公私ともにやりたいことを始める第一歩です。

ですから、**社会に出たら出会いを大切にして、新しい仲間をどんどんつくりましょう**。出会いが自分の世界を広げてくれますし、たくさんのことを学べます。社外で知り合った仲間が、仕事の相談相手になってくれることだって、十分にあります。

実際、社会に出ている先輩たちは、新しい出会いを大事にしています。朝の読書会や定期勉強会を実施している人、趣味を大事にして仲間を増やす人など、かたちはさまざまです。自分から新しい場所に飛び込んで、ビジネス・プライベートを問わず、どんどん楽しめる環境をつくっていきましょう。

仕事とプライベートを線引きしなければ世界は広がる

仕事の自分 | **プライベートの自分**

線引きしていると世界は広がらない

> 職場の先輩に雑談で趣味はフットサルだと話したら、先輩の所属するフットサルチームに遊びにくるように誘われた。
>
> 参加してみると、チームにはいろんな業種の人がいて、新しい世界を知ることができた。

> プライベートでボランティア活動に参加してみた。
>
> そこで知り合った人に自分の仕事について話すと、興味を持ってくれ、今度営業に来てほしいといわれた。

線引きしなければ、どんどん世界は広がる

デキる社会人のためのポイント!

① 仕事の場でこそ、プライベートな雑談をしてみよう!

② 新入社員の時期だからこそ、どんどん外に出て仲間を増やそう!

● Chapter 8／仕事もプライベートも充実させるためのコツ

2 休日も平日と同じ時間規則で活動する

◎休日にやってしまいがちなパターン

　平日は鬼のようにバリバリと働いていても、休日はまるで別人のようなスケジューリングをしている人がいます。休日はいつも昼すぎに起床、ときには前日の飲みすぎが影響して目覚めるのは夕方。洗濯や掃除もままならないまま、コンビニ弁当で食事をすませ、粛々とテレビを見て翌日に備える、といったパターンを繰り返している人です。

　とくに日曜日にそれをやってしまうと、月曜日を迎えるのがとても億劫になってしまいます。これでは、何のための休日かがわかりません。

　休日は、「元気の出る仕組み」をつくるためにあります。オフの時間を大切にして、仕事とのメリハリをつけることで、平日の業務を頑張ることができるのです。

◎平日と同じように予定・計画を立てて実行

　オフの時間を大切にするためには、**休日を平日と同じように予定を組んでみてください**。目的もなく時間だけがすぎていく状態をなくすのです。

　たとえば、土曜日は朝8時に起きて午前中は洗濯、掃除をすませる、13時からは最近話題となっている事柄について調べ物、19時から社外の知人と食事といったように、できるだけ細かく計画してみます。

　できるだけ数ヵ月先のプライベートの予定を入れるのもコツです。長期的な計画を入れることで、それをモチベーションに仕事を頑張ることができるからです。

　日曜日の夜に、月曜日のことを気にして元気がなくなるという人は、日曜日の夜に「会ったり話したりすれば元気の出る人」と会う約束を入れるのもいいでしょう。「負けないように明日も頑張ろう」と思えるかもしれません。「元気の出る仕組み」を自分でつくっていきましょう。

休日はしっかり予定を組んで有意義に

休日をスケジューリングしないと……

5 May

10 Sat	11 Sun
8 9 10 11 12 1 2 3 4 5 6 7 8 9	8 9 10 11 12 1 2 3 4 5 6 7 8 9

予定ゼロ!!

あ〜、もう休みが終わりだ。明日からまた仕事か……

休日もきちんとスケジュール管理すれば、公私ともに充実する

5 May

10 Sat	11 Sun
8 9 掃除・洗濯 10 11 12 1 勉強 2 3 4 5 セミナー参加 6 7 8 9 休養	8 9 休養 10 11 12 1 買い物 2 3 4 5 6 大学の同期と 7 飲み会 8 9

最近、新しい企画を社内の同期と進めるように任されているんだ。忙しいけど、やりがいがあるよ

むっ。負けていられないぞ

デキる社会人のためのポイント！

① 休日の予定も細かく立てて行動管理をすることで、休日もだらけることなく行動できる。

② 公私のメリハリをつけることで「元気の出る仕組み」をつくろう！

Chapter 8 休日の過ごし方

● Chapter 8／仕事もプライベートも充実させるためのコツ

3 部屋をキレイにしておく

◎部屋が雑だと仕事も雑に

　脱いだ服はそのまま、使った食器も流し台に放置しているなど、自宅は「とても人が呼べる状態ではない」という人は要注意です。**片づけられない人は、仕事も雑な人**だとよくいわれます。部屋がちらかっていると、頭の中の情報も整理できていないことが多いのです。実際、仕事でヌケ・モレをよく指摘される、探したい資料を見つけることができない、といったことがありえます。

　また、不思議なもので部屋がちらかっていると、ネガティブ思考に陥りやすくなります。忙しく働くなかでも、家を落ち着ける空間に保っておくことは、リフレッシュするうえでもとても重要です。

◎部屋をちらかさない基本ポイント

　逆にいえば、「仕事がうまくいっていない」と感じているときは、自分の部屋を片づけてみることで精神衛生をキープすることができます。思い当たる人は、次の片づけの3ステップを実行しましょう。

　1つ目に、まずは**捨てる**こと。「捨てるか迷ってしまうもの」は全部捨ててしまいましょう。思い出の品、衣服、なかなか捨てにくいものもありますが、汚い部屋に放置しておいても仕方がありません。

　2つ目に、**目につく場所に物を置かない**こと。これには収納スペースをきちんと確保することが必要です。ベッドの下、クローゼットなどの収納スペースに収まらないものは、捨てることも検討してください。

　3つ目に、**不要なものを買わない**ことです。買わなければ物は増えません。購入するときに、本当に必要なものかどうかをきちんと判断できるかどうかも、きれいな部屋を保つための1つの方法です。

　部屋は極力シンプルに過ごしやすくしておきましょう。快適な環境がストレスを軽減して、前向きな思考をもたらしてくれます。

3ステップで汚部屋を脱出

Step 1 捨てるBOXを用意して仕分けする。「いつか使うかも」というものは、どうせこの先も使わない。思い切ってBOXへ

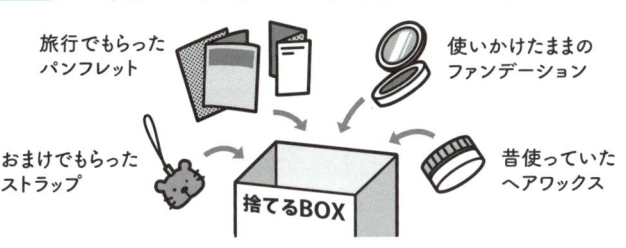

- 旅行でもらったパンフレット
- 使いかけたままのファンデーション
- おまけでもらったストラップ
- 昔使っていたヘアワックス

捨てるBOX

Step 2 収納スペース以上のものは持たないようにする。クローゼットに入らないものは捨てる検討を

取り出しにくいほど詰め込むのはNG

Step 3 購入するときに、本当に必要かどうか判断する

新商品が出たのか。安いけど、もう少し検討しよっと

デキる社会人のためのポイント！

① 部屋が片づいていれば、頭の中もスッキリして仕事の能率もアップする。

② 部屋をきれいにするには、捨てることから始めよう！

● Chapter 8／仕事もプライベートも充実させるためのコツ

4 自炊ができれば仕事もデキる

◎食事の基本

　新入社員の頃は、どうしても仕事だけで手いっぱいになってしまい、食事については適当にすませてしまうことがあります。とくに一人暮らしの場合は、好きなタイミングで好きな食事を摂ることができるので偏食になりがちです。

　しかし、外食に頼った生活をしていていいことは何ひとつありません。たとえば、栄養が偏り体調を崩しやすくなる、不健康なので頭もスッキリ働かず仕事の能率は上がらないなど。また、食費もバカにならないものです。外食費が家計を圧迫し、オフの時間に思うように遊ぶことができなければ、ストレスも発散しづらくなってしまいます。

　実は、デキる社会人は料理上手なことが多いです。あくまで私の知っている範囲ですが、ビジネスで活躍している男性既婚者は、家庭でも料理をよくつくっています。思うに、家事の分担は夫婦がお互いに協力し合うという精神に基づいていますから、それが仕事のチームワークにも活きているのでしょう。

◎自炊のコツ

　ですから、できるだけ自炊してみましょう。**食費が抑えられる、健康によい**、というのが第一義のメリットですが、**料理は慣れてくると楽しいもので、創造意欲もわかせてくれます。**

　とはいっても、忙しい毎日のなかで自炊を続けるのは難しいものです。そんなときは、週末にまとめて調理しておく方法もあります。1週間分のごはんを1膳ずつ冷凍しておく、数種類の下ゆでした野菜を冷凍しておくことで、味噌汁やカレーなどのメニューは簡単に調理できます。

　最近は、インターネットのレシピサイトで気軽にレシピが手に入ります。料理が苦手な人は、簡単なものからチャレンジしてみてはどうでしょうか。

健康で元気になるおすすめの食事と食材

普段の食事

タンパク質
筋肉や血液をつくる

ビタミン、ミネラル
皮膚や粘膜を強くする

炭水化物
体を動かすエネルギー源

食物繊維
腸のはたらきをよくして吸収を助ける

野菜を中心に、バランスよくいろんな食材を食べるのが一番。
彩りのいい食卓を目指そう

疲れたときは

発酵食品 プラス **スタミナ食材**

疲れがたまっているときは、ふだんの食事に栄養の吸収を促す発酵食品、スタミナをつけるニンニク、ニラ、疲労回復に効く豚肉でパワーアップ！

デキる社会人のためのポイント！

① 外食や弁当は手軽だが、偏った栄養では元気パワーが生まれない。

② しっかり食事もコントロールして、仕事の能率もアップさせよう！

● Chapter 8／仕事もプライベートも充実させるためのコツ

5 一流に触れて、一流を目指す

◎一流に触れることは、成長につながる

「一流」に触れることは、自分の成長においてとても大事なことです。私は心から「一流だ」と思える人に会う度に自分を省みて、「もっと自分もやらなければ！」と、その後の行動につなげてきました。鼻をへし折られるのは相当にダメージが大きいものですが、**一流を目の当たりにするのはカンフル剤のようなもの**で、自分のやる気を引き出してくれます。

よく「あの経営者に一度は会ってみたい」と願望を口にする人がいますが、会いたい人がいるなら、すぐにでも会いに行ってください。その人が講演会やイベントに参加していれば、そこに参加して自分から名刺交換をしに行く、Twitterをしているなら話しかけてみるなど、いくらでも接触する方法はあります。要するに、**頭で考えているだけでなく行動に移して、早く一流に触れてほしい**のです。

◎「一流」への近道は真似ること

私はもともと背伸びせず身分相応な格好をしていればいいというスタンスで、服や靴はそこそこのものを購入していました。ところが、入社して何年目かに「デキるビジネスパーソンになりたかったら、もっと服装にも投資をしないとダメ」と先輩に言われたことがきっかけで、考え方が変わりました。

一流になる一番の近道は、実は「真似をすること」だったりします。カタチから入ることを笑ってはいけません。「一流の人は、こうするだろう」ということをイメージしてみて、自分の足りない部分を少しずつ埋めていくことから始めるのです。

まわりのかっこいい先輩や知人の真似をしてみるのもいいでしょう。「あんなふうになりたい」という気持ちがあなたを成長させてくれます。

一流に会ったときの悔しい思いを成長につなげよう

1. **一流に会いたいと思う……**
   - 例：新しいサービスを販売し、広く社会貢献をしたいと思うA君は、「第一線で活躍する"一流"に会って話をしてみよう！」と考えた。

2. **実際に会ってみると自分の存在の小ささを知ってへこむ**
   - 例："一流"に自分のやりたいことを伝えると、経験がないことで軽く見られ、「ふーん。新入社員なんだね。まぁ頑張ってね」とあしらわれて落ち込んだ。

3. **でも、もっとやってみようとやる気が出る**
   - 例："一流"に相手にされなかったことは、ショックだった。けれど「いつかあの人と対等に話ができるように、もっと頑張ろう！」とやる気がわいた！

相手にされずに悔しい思いをしても、それが「いつかきっと」という原動力になり、大きな成長につながる

デキる社会人のためのポイント！

① 一流に実際に会いに行き、いい意味で撃沈して次につなげよう！

② 一流の真似をすることで、自分と一流の差を少しずつ埋めていこう！

● Chapter 8／仕事もプライベートも充実させるためのコツ

6 二度会いたいと思わせる人になる

◎せっかく遊ぶなら工夫してみる

社会人になると、いろいろな人たちと遊ぶ機会が増えてきます。このとき、単純にカラオケ、ボウリング、居酒屋などで楽しむのも悪くはないですが、**せっかく遊ぶなら「ひとひねり」加えてよりおもしろくしたほうが、参加者も「またあの人と遊びたい」と思ってくれるもの**です。

たとえば、カラオケで単に歌いたい曲を歌うのではなく、完全にランダムで数字を入れて表示された曲を"思いきり"自分なりに歌ってみたり、スコアで高得点が出た人は料金を無料にしたりしてみます。

少し工夫をしてみることで「普通とは違う時間」になり、周囲の反応も高まることでしょう。

◎買ってでも幹事をやってみよう

「ひとひねり」加えた遊びをビジネスに応用するなら、まず社内部署の飲み会の幹事を引き受けてみてはどうでしょうか。そこで自分のアイデアを出してみるのです。

実際、「幹事は買ってでも引き受けたほうがよい」とは、よくいわれます。理由は、幹事をすることで、人の巻き込み方、企画の進め方、司会進行の仕方、会場の盛り上げ方、終了後のフォローの仕方などが身につけられるからです。これらの企画力や運営力は、すべて仕事に応用できます。

最初から1人でやろうとすると難しいものですが、職場の先輩を頼ってみてください。仕事以外の部分で企画を一緒に進めることで親交も深まり、必ず得をします。

楽しさを共有することは、なにより自分の魅力をアピールすることにつながります。「また会いたい」と思わせる人になれば、大切な先輩や友人も、きっと増えていくでしょう。

二度会いたい人と思わせる会話のコツ

実践したい「さしすせそ」

- **さ** さっと自分をアピールする
- **し** 宿題をつくる
- **す** すべては語らない
- **せ** 積極的に「聴く」、「話す」ではない
- **そ** 相違点&共通点を探す

さ 解説：
自分が何者であるか、相手の記憶に残すことが大事。アピールしすぎるのは暑苦しく思うので、あくまで「さっ」と。

し 解説：
「また」「ぜひ」という曖昧な言葉は使わない。「今度、企画書を見てください」のように具体的に宿題をつくることで、もう一度会う関係になれる。

す 解説：
初対面から自分の手の内をすべて明かしてしまうのはNG。まだ知りたいことがあると相手に思わせられると魅力的な人間に映り、次につながる。

せ 解説：
「もっと自分の話を聞いてほしい」ではなく、「もっとあなたの話を聞きたい」という姿勢で接すれば、相手は必ずまた会いたいと思ってくれる。

そ 解説：
会話のなかでは、何が相手との共通点で、どこが相違点なのかをつかむ。そうすることで会話を弾ませるポイントを押さえることができる。

デキる社会人のためのポイント！

① 遊びでも、仕事でも、自分の魅力を上手にアピールすることが大事。

② 一緒に楽しい時間を経験すれば、相手にまた会いたいと思ってもらえ、仲間が増えていく。

● Chapter 8 ／仕事もプライベートも充実させるためのコツ

7 自分の味方をどんどん増やす

◎関係者の強みを押さえて味方につける

すべてを完璧にできる人なんていません。「能力が足りなくて自分一人ではどうにもできない」、こんな事態に陥ったときは、**足りない能力を人に補ってもらうのがもっともよい**と割り切るのです。

まわりの人に目を向けてみてください。「あの同僚はエクセルでデータをまとめるのが早い」「この先輩は製造業のトレンドに詳しい」など、その人ならではの専門性や強みを知って、必要なときに味方になってもらいます。

依頼を引き受けてもらう状況づくりの大切さについては何度か述べてきましたが、**「相談の相談」を入れておく**のも一手です。つまり、「こっちも忙しいから」と断られる前に、下準備として「もしかしたら、相談するかもしれない」という相談をするのです。これなら相手からの協力も得やすくなります。

◎「間接打診」を活用して味方につける

また、仕事は１人で進めるものではありません。まわりの協力や賛同を得ながら実行していくものですから、**どうやってまわりを味方につけていくかが課題**となります。

うまく人を巻き込んでいく方法の１つとして**間接打診**があります。たとえば、通したい企画に部長の承認が必要なとき、課長を無視していきなり部長に打診するのはよくありません。課長から「なぜ、私を通さないのか」と言われ、話がこじれるだけです。

自分の意見を上手に通すためには、課長に「部長の承認を得たいので、課長から推薦してほしい」と相談を入れ、間接的に打診してもらいましょう。その際、部長にも「課長からこんな相談がいくのでお願いします」とコミュニケーションをとっておきます。人をうまく巻き込んでいくことで、結果的に自分が動きやすい環境がつくれるでしょう。

味方を増やせばうまくいく

み みんなの強みを知り

か 「間接打診」と「相談の相談」の実践で

た 頼みごともバッチリ！

自分1人では、できることは限られてしまう。
- 足りない能力 → 人に補ってもらう
- 協力が必要なこと → 人を巻き込んでいく

困ったときは、たくさんの人に味方になってもらおう！

デキる社会人のためのポイント！

① まわりの人を見渡し、得意分野を把握しておく。

② 味方になってもらうときは、「相談の相談」と「間接打診」を実践してみよう！

働き始める前に知っておきたい会社のルール

ルール1 働く人の労働環境を守るルール

■労働基準法は会社員を守る法律

　労働基準法とは、労働者の労働条件の最低基準を決めた法律です。職場の労働者すべてに適用されています。賃金、労働時間、休暇などの条件は、労働基準法に定められている基準を満たしていなければなりません。

　たとえば、職場でのお昼の休憩時に「電話番を頼むよ」と上司に言われて引き受けた場合、電話番をしている時間は労働時間に該当するので、労働基準法に基づくと45分以上の休憩時間（自由時間）を請求することができます。

　また、入社して半年がすぎると年10日分の「有給休暇」を申請することができるようになります（入社半年で出勤率が80％以上の場合）。事前に有給休暇を申請していれば、会社を休んでもその日分の給与が支払われる仕組みになっているからです。

　このように労働基準法では、働く人が劣悪な環境を強いられないように基準を定めています。

入社　半年　有給がもらえる！

■ワークライフバランスを意識する

　最近は「ワークライフバランス」という言葉が使われ始めています。これは、仕事にかける時間と、それ以外の私的な時間バランスを考慮し、就労のモチベーション低下や働きすぎによる疲労・健康障害を防ごうというものです。

　そのため、企業ではノー残業デーなどの残業削減に取り組み、ワークライフバランスを推進する事例も増えてきました。定時になると強制的に職場の電気・電源が消えるというケースもあります。一生懸命働くことはもちろん大

事ですが、心身に不調を来してしまっては元も子もありません。仕事はメリハリをつけて取り組んでいきましょう。

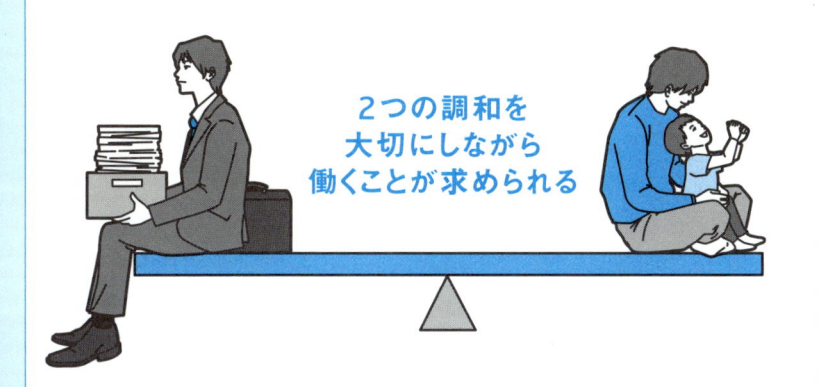

2つの調和を大切にしながら働くことが求められる

■会社と交渉する労働組合

　企業では、労働組合が存在することがあります。労働組合は、社員が会社に対して対等に交渉・提言できるように組織化されたものです。仮にあなたが「もっと給料を上げてほしい」と交渉したいとき、会社から「もっとお金がほしいなら転職すればいいじゃないか」と言われてしまっては、意見が通りません。

　日本国憲法（第28条）では「勤労者の団結する権利及び団体交渉その他の団体行動をする権利は、これを保障する」とあり、これを保障するために労働組合法があります。これによって労働組合の活動は保障されます。任意で企業内の労働組合を結成することができ、定期的に会社の課題を組合員同士で議論したり、給与などの労働条件や福利厚生などについて会社と交渉しています。

　ストライキ（会社の業務指示に従って労働することを、組合員をはじめとした組織員で一時的にやめる行動）というものがありますが、これも団体行動権として日本国憲法で保障されています。仮にストライキが実行されると、会社の業務がストップし損害が発生するかもしれませんが、労働組合法（第8条）に基づき、ストライキの具体的な主張理由が正当なものであれば、会社は労働組合や組合員に損害賠償を請求することができません。

● 働き始める前に知っておきたい会社のルール

ルール2 情報や機密は漏らさないルール

■企業が持っている大切な情報は外部に漏らさない

「企業秘密」という言葉があるように、企業には、第三者にはけっして漏洩することのできない機密情報があります。たとえば企業が保持する顧客情報や取引先との情報、商品開発や生産における専門的なノウハウなどがあげられます。

通常は企業と企業、企業と従業員との間で、機密保持について機密保持契約（NDA：Non-Disclosure Agreement）を締結し、出社時間だけに限らず、退社後も機密情報が流出しないよう、その情報の保護に取り組んでいます。

■個人情報保護法の遵守

個人情報保護法は文字通り、個人を特定できる情報については厳格な管理を求める法律です。2005年に施行された法律ですが、個人情報を5000件以上持つ企業などに対して、個人情報に関する規制を設けたものです。対象となるのは、企業だけでなく、営利・非営利を問わず、学校や病院施設、NPOなども対象になります。この保護法が施行されてからは、各企業で入室セキュリティやPCのパスワード設定など、さまざまなセキュリティ対策を強化しています。

■機密保持を心がけて

新入社員の段階でとくに気をつけておきたいのは、職場・組織で知った情報（個人情報や知的財産・ノウハウなど）そのものです。たとえば、職場の先輩が話していたことを通勤電車内でペラペラと話したりするのは、あまりにも機密保持に対する認識が不足しています。家族や親しい友人に対しても同様に、機密を流出しないという意識が不可欠です。

最近は、TwitterやFacebookなどを利用する人・組織が増えています。こういったソーシャルメディアから情報が漏洩することもありますので、とくに注意してください。

たとえばプロフィールに企業名を掲載している人は、「あくまでも個人としての

情報発信」であることを十分に留意してください。もちろん取引や内部情報など、企業の機密情報に関する発言は控えましょう。とくにTwitterなどは他人によって拡散されることもあり、その情報が誰の手に渡るかわかりません。「会社が忙しい、大変」などのつぶやきやコメントは、本人は独り言のように書いたつもりでも、もしかしたら他人は「この会社は大丈夫だろうか」と疑問を持ち、新卒採用や株価などのブランド情報にも影響が出るかもしれません。

　ソーシャルメディアの利用人口がますます増えてきているからこそ、情報発信については慎重に進めていきましょう。使い方を誤るとトラブルの引き金になりかねません。

つぶやき
今度、うちの会社のCMに人気俳優の○○と女優の○○が起用されるみたい。楽しみー♪

どこの会社だ？

こんなことつぶやいていいのかな？

あの会社の社員、情報を漏らしてるぞ

●働き始める前に知っておきたい会社のルール

ルール3　法令を守るルール

■企業はコンプライアンスを重視

　コンプライアンスとは直訳すると「法令遵守（ほうれいじゅんしゅ）」という意味で、第一に「国で定められた法律・条例をきちんと守りましょう」ということですが、それだけでなく、「社内ルール（規定）やマニュアル、社員としての倫理やモラルをきちんと守る」

という意味が含まれています。コンプライアンスの原点には、「適切・公正な活動を通じて社会貢献につなげる」という発想があります。

ですから、企業は法律・条例さえ守っていればよい、ではNGで、たとえば違法ギリギリの行為をしていると、その企業の社会的信用性の低減につながる恐れがあります。企業ブランドを大切にしている会社が法律のウラをつくような行為をしてしまえば、たちまちブランド力は落ちてしまいます。業界全体のコンプライアンス力を高めるためにも、法令だけでなくさまざまな内部統制をはかり、企業・組織の信頼力・ブランド力を保持していくことが求められているのです。

■あらゆる場面で「会社の一員」であることを忘れない

コンプライアンスには、統一的に定められているものはなく、各企業・組織が自発的に範囲を決めて取り組んでいます。

たとえば、社内ルールを破って職場のデータを勝手に持ち出し、自宅のパソコンから情報漏洩（ろうえい）してしまったり、職場で男性が女性に対して性的嫌がらせ（セクシャル・ハラスメント）をしたり、というのは会社の一員として絶対にしてはいけないことですが、これらは当然のことながらコンプライアンスに反します。

また職場のなかだけできちんとしていればよいということではなく、公の場で開示してはいけない会社の情報を話したり、ブログなどで会社の批評を行ったりすることもNGです。

さらには社内の売上情報や他社との合併情報、新製品・サービス発表などの重要情報を事前に把握して、公式発表の前に株を売買し、不正な利益を得るインサイダー取引なども犯罪として罰せられます。

会社のブランドや信用を低減させることをしないのはもちろん、あなた自身の社会人としてのモラルを保持・向上させるためにも、常にコンプライアンスを意識して仕事に取り組んでいきましょう。

> これで、『ビジネスの教科書』は終わり。
> ためになることはあったかな？
> これから、いい仕事をするために一緒に頑張っていこう！

● あとがき
さあ、スタートラインに立とう！

『ビジネスの教科書』、いかがでしたか？

「覚えなければならないことがたくさんある……」と思っている人、落胆させてしまうようですが、ここで紹介したことは、知っておくべきことのまだまだほんの一部にしかすぎません。いわば基本中の基本部分です。

しかし、ここで学ぶのを億劫に思わないでください。たとえば、ボールの投げ方を知らなければ、野球をすることができないように、社会人としての基礎体力を身につけていなければ、ビジネスのフィールドでプレーすることはできません。学生から社会人になるというのは、まさに今まで観戦だけをしていた観客から、実際に試合に出てプレーをする選手になるという変化でもあります。

そして、ただ試合に出るだけなら誰でもできますが、試合に勝つことを考えるとどうでしょう。勝つという成果を出すためには、努力に加えて、戦略・戦術、哲学など、さまざまなことを体得し、強くなっていくことが求められます。

こういったことを意識せずに、試合の回数、つまり経験だけを重ねても、正直あなた自身の本当の強さにはなりません。ですから、仕事をするのならば学びや努力を怠らず、とことん仕事に向き合ってほしいのです。人はみんな、そういった「とことん」という経験や挫折を通じてのみしか強くなれません。

何年後かに新人時代を振り返ったとき、価値や意味・意

義を見出すことのできる経験がたくさん積み重なっているかどうか。そのために今、学ぶことを怠らずに、一生懸命自分の人生と向き合ってください。そして、いずれあなたにできる後輩や部下にもその思いを伝えていきましょう。さらには、自分だけでなく周囲はもちろん、この国の未来や、将来の子どもたちのためにも何ができるかを考え、行動していってください。

　近い将来、あなたと一緒に仕事をできれば、と勝手ながら思いを馳せています。そのときの仕事の共通ルールとしてこの本の存在があれば、これ以上の幸せはありません。

　最後に、本書を手がけるにあたって企画・制作を進めてくださったパケットさん、そして、公私を超えて私の兄貴分であり、パートナーであり、本気で涙を流し合える仲間である吉山勇樹氏に、この場を借りてお礼申し上げます。
　また、ご感想・ご意見につきましても忌憚なく頂戴できればと思いますので、ご遠慮なく私のTwitterやメールアドレスまでご連絡くださいませ。
　引き続きあなたのさらなるご活躍を祈念して、この本の末筆とさせていただきます。

株式会社ハイブリッドコンサルティング ディレクター
松島準矢

●監修者
吉山勇樹（よしやま・ゆうき）

株式会社ハイブリッドコンサルティング 代表取締役CEO。大学時代、ベンチャー企業の創業・運営に参画。卒業後は大手通信会社の経営企画部で新規事業開発を中心に、モバイル系ソリューションや商品戦略など、各種プロジェクトマネジャーとして活躍。その後、教育人材コンサルティング会社の取締役・代表取締役を歴任。独立し、株式会社ハイブリッドコンサルティングの代表取締役として活動を開始。年間200日を超える企業・団体での研修・講演をはじめ、業務改善・プロジェクトコンサルティング、大学や官公庁からの受託プロジェクト等を手がける。

ライフワークとして、NPO法人にも理事・事務局長として関わっており、数々のオピニオンリーダーとともに、日本の教育再興運動を推進している。日本の20代を活性化させるプロジェクト「Japan Innovation」発起人としても活躍中。

マスメディアからの取材依頼も多く、とくにNHK教育テレビ「めざせ！ 会社の星」では複数回にゲストとして登場。若手ビジネスパーソンのベンチマーク的存在として話題となっている。また、執筆活動も精力的に行い、これまでに21冊を出版。主な著書に、『残業ゼロ！ 仕事が3倍速くなるダンドリ仕事術』『あたりまえだけどなかなかできない「25歳からのルール」』（アスカビジネス）、『ダメなパターンから抜け出すためのちいさな工夫』（サンクチュアリ出版）などがある。

Twitter：@Yuuki_yoshiyama
オフィシャルブログ：http://ameblo.jp/hybrid-c/

●著者
松島準矢（まつしま・じゅんや）

株式会社ハイブリッドコンサルティング ディレクター。大学時代より、社会教育・政策系のNPOにて約200名の職員をマネジメント。NPOでの人事制度構築・運用、人材開発体系の整備・実践など、多数のプロジェクトに関わる。その後コンサルティング会社にて、企業の業務改善・人材育成支援、教育コンサルティング事業を手掛ける。経済産業省関連キャリア支援業務、Eコマース（電子商取引）教育プロジェクト業務・講演なども実施。Eコマースとプロジェクトマネジメントを融合させた書籍も協力執筆し、Amazonランキングにて１位を獲得。また、アメリカ・中国を中心とした海外キャリア媒体での執筆活動なども行う。

現在はハイブリッドコンサルティング ディレクターとして、年間180回以上に渡る民間企業・官公庁・大学での企画・運営・研修講演をはじめ、企業の組織・教育・採用コンサルティングを手掛ける他、大学での非常勤講師も務める。近年では、国立大学と共同で社会人基礎力推進事業（経済産業省）における分析補助事業等を実施している。

プライベートではNPO活動や、日本の20代を活性化させるプロジェクト「Japan Innovation」等にも参画中。

Twitter：@junyamatsushima
オフィシャルブログ：http://ameblo.jp/hybrid-c2/
メールアドレス：junya@hybrid-c.jp

■株式会社ハイブリッドコンサルティング WEBサイト
http://hybrid-c.jp/

●STAFF

本文デザイン&DTP：小口翔平（tobufune）
　　　イラスト：千野エー
　　　　　　　　大久保秀祐
　　　　　　　　ファクトリー・ウォーター
　　　編集協力：パケット／千葉淳子

ビジネスの教科書
新社会人のための会社の常識・仕事の新常識

2012年3月8日　初版発行

監修者　吉山勇樹
著　者　松島凖矢
発行者　佐藤龍夫
発行所　株式会社 大泉書店
　　　　住所　〒162-0805 東京都新宿区矢来町27
　　　　電話　03-3260-4001（代）　FAX 03-3260-4074
　　　　振替　00140-7-1742
印刷・製本　図書印刷株式会社

©2012 Yuuki Yoshiyama, Junya Matsushima　Printed in Japan

> 本書を無断で複写（コピー）することは、著作権法上認められている場合を除き、禁じられています。小社は、著者から複写（コピー）に係わる権利の管理につき委託を受けていますので、複写される場合は、必ず小社宛にご連絡ください。

落丁・乱丁本は小社にてお取替えします。
本書の内容についてのご質問は、ハガキまたはFAXでお願いします。
URL　http://www.oizumishoten.co.jp/
ISBN978-4-278-07118-4　C0034